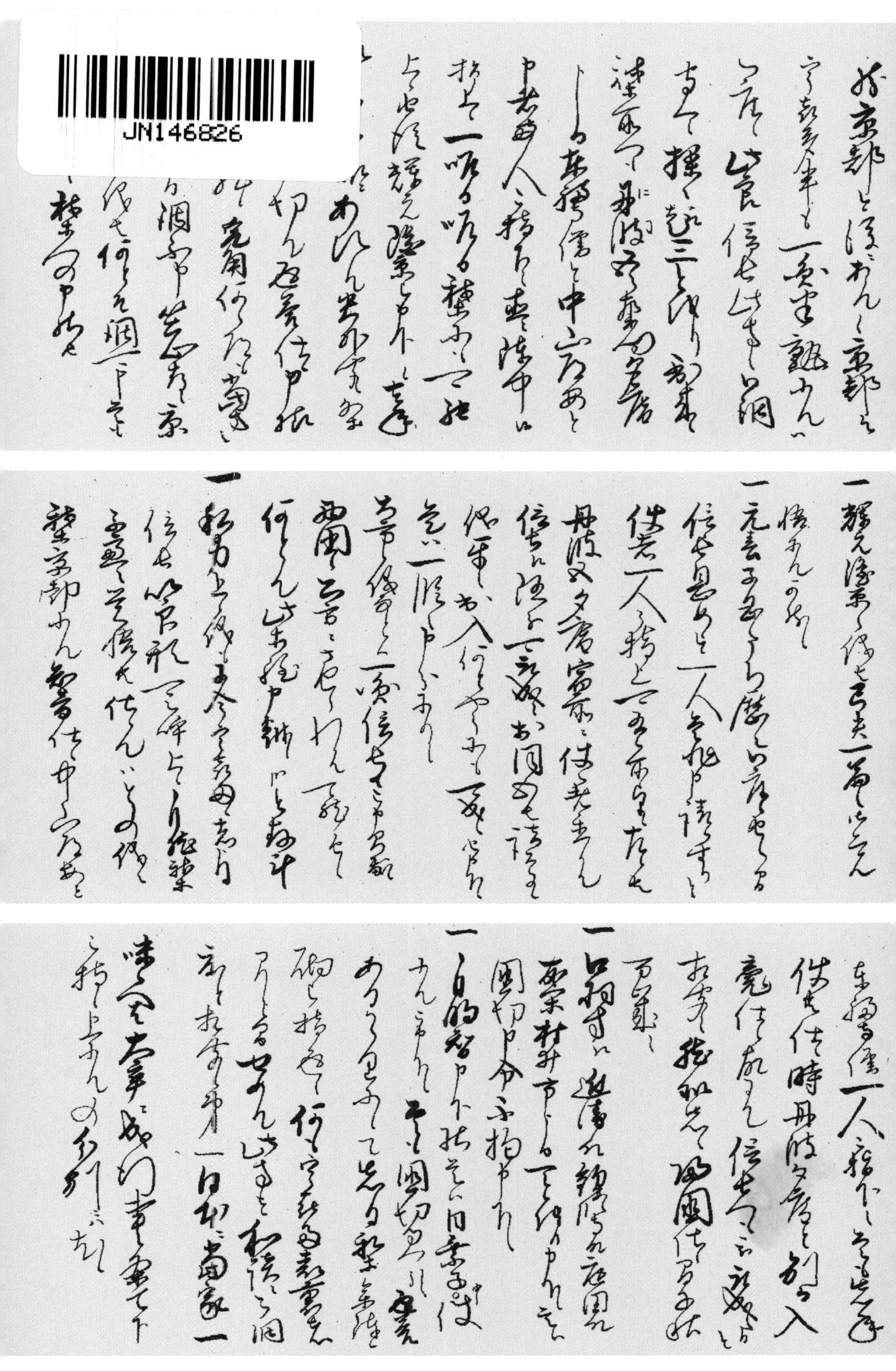

於京都と従わん〻京都に
宇喜多（?）事も一段[illegible]ん[illegible]
[illegible]信長様之御
事にて[illegible]三[illegible]申[illegible]
[illegible]にて[illegible]
[illegible]中[illegible]あと
中[illegible]人[illegible]中[illegible]
[illegible]一[illegible]候[illegible]
[illegible]
[illegible]
[illegible]
[illegible]
[illegible]

一[illegible]一[illegible]
[illegible]
一[illegible]
信長[illegible]一人[illegible]
[illegible]一人[illegible]
丹波[illegible]
信[illegible]
[illegible]入[illegible]
[illegible]一[illegible]
[illegible]一[illegible]信長[illegible]
[illegible]
何[illegible]
一[illegible]
信長[illegible]
[illegible]
[illegible]中[illegible]

[illegible]一人[illegible]入
[illegible]時丹波[illegible]
[illegible]信長[illegible]
[illegible]
[illegible]
一[illegible]
[illegible]
[illegible]
一[illegible]
[illegible]
[illegible]
何[illegible]
[illegible]
[illegible]一[illegible]家一
[illegible]
[illegible]

監修者――加藤友康／五味文彦／鈴木淳／高埜利彦

［カバー表写真］
安土城大手道から見上げた天主跡

［カバー裏写真］
織田信長像

［扉写真］
「（天正八年）五月十二日付安芸厳島社人棚守房顕宛安国寺恵瓊書状」
（巻子本厳島文書，信長が毛利氏と交渉し，義昭との和解を画策していたことがわかる）

日本史リブレット人045

織田信長
近代の胎動

Fujita Tatsuo
藤田達生

目次

豊臣秀吉像

天下統一像の崩壊

日本における近代国家の土台をつくったのは、戦国動乱を終焉に導いた織田信長や豊臣秀吉（とよとみひでよし）という天下人（てんかびと）であるといったら、読者諸賢は驚くだろうか。なぜなら、近代国民国家の基礎は、明治時代をさかのぼること約三〇〇年も前に実現した天下統一によって築かれたといってよいからである。

太閤検地（たいこうけんち）による荘園（しょうえん）制から石高（こくだか）制への全国的な税制改革が断行され、対外出兵さえ可能な統一軍隊が編成され、都（みやこ）と各地の城下町（じょうかまち）とのあいだで大名（だいみょう）たちの往復が開始されたのだ。これによって、中央政権による地域社会からのヒト・モノ・カネの収奪が始まったのである。すなわち、誕生した強力な王権が絶対主義化を促進したのだ。

天下人によって進められた統一戦争や対外出兵を通じて、大名・領主さらには民衆の交流が本格化し、文化的・思想的なレベルも一気に向上した。列島規模のさまざまな分野における共通の土俵が形成されたからこそ、近代化がなしえたとみるのである。

たとえば、安土城や大坂城を規範とする織豊系城郭の全国的な拡大に注目しよう。天下人たちは、戦国城郭の破却（城割）を強制して石垣・瓦・礎石を使用する新型城郭を建設させてゆくが、その内外の意匠についても規格化を押しつける。

その結果、城郭の御殿をかざった障壁画をはじめとする絵画や調度品を扱う職人の工房が、技術革新や販路拡大にしのぎを削ることになる。御用絵師狩野派の台頭はいうまでもなく、長谷川等伯▲のように地方出身の画家が中央画壇で一派を形成することもあった。

城内に数寄屋が設けられ、そこで盛んに催された茶会は、天下人や大名のみならず市民的な広がりをもって開花した。茶の湯を通じて身分を超えた人脈が形成され、織豊時代から江戸時代初期にかけての政治にも、大きな影響をあた

▼**長谷川等伯**　一五三九〜一六一〇。能登出身の絵師。幼名は又四郎、のち帯刀。初期は信春と号した。千利休の知遇をえて、狩野永徳・海北友松らとならぶ実力者となる。

えることになった。

　絵画や焼物に対する目利きについては、大名・領主そして豪商クラスのなかに玄人はだしの者も少なくなかった。前代以来の伝統芸術として能や猿楽が尊ばれ、和歌や連歌さらには俳諧も好まれた。また朝鮮半島に出陣した武将たちのあいだに、日本を神の国とみる神国思想が浸透したことも無視できない。

　戦争に火器が本格的に導入されたことで、仰角や距離をわりだす算盤を用いた算術が重視され、戦場においては精神性よりも合理性が優先される時代になった。南欧勢力との接触は、軍事技術や外科医術といった科学ばかりではなく、ファッションに大きな影響をあたえたし、初期洋風画を誕生させたりした。

　日本人の海外渡航は、アジアからヨーロッパにまでおよんだ。東南アジアには、多くの日本人町が誕生し、火薬や鉄炮玉の原料である硝石や鉛、高級品である生糸や陶磁器などの何千キロにおよぶ隔地間交易も盛んに行われた。やがて、洋式帆船を建造し太平洋航路を開発してノビスパン経由でローマに向かう遣欧使節団もあった。

　天下統一の時代は、絶対主義を経て近代へと向かうエネルギーに満ちあふれた時期だった（初期絶対主義への傾斜）。京都をはじめとする上方都市で、わずかな身分集団で独占してきた伝統的な政治・経済・文化が、点と点の関係から面的世界へと圧倒的な勢いをもって発展・拡大したのだ。そのなかに、室町幕府奉行人の家筋には属さず、奉行・代官として軍事はもとより行政に通暁した官僚▲たちの一団が、政権内部に形成されたことは注目される。

かくも躍動的な織豊時代▲であるが、一般書はもとより歴史教科書や研究書においてすら、その前半は信長を中心に歴史の推移が示される。読者諸賢にとって、これは当然のことかもしれないが、筆者にはこのこと自体に異論がある。室町時代政治史の中心は、いうまでもなく足利将軍である。これは、戦国時代においても同様であった。したがって、信長の政治行動を描く場合も、将軍との関係から語られねばならないと考える。

足利義政▲の後継者をめぐって応仁の乱が争われるが、その後も義澄系将軍家と義稙（義材）▲系将軍家の二流に分裂し、現職将軍と将軍相当者の抗争が繰り返される（四二ページ系図参照）。信長に推戴されて一五六八（永禄十一）年に入京した義昭は、義稙系将軍家の幕府を再興するが、それもつかのま、信長と天下の

▼官僚　鎌倉時代以来、特定の家柄に属する者が家職として奉行に任じられた。たとえば、飯尾・松田・二階堂氏などが法曹官僚として有名だが、織豊期には、石田三成のように個人の実力で奉行に任じられ活躍した者も少なくなかった。

▼織豊時代　織田・豊臣時代の略、織豊期あるいは安土・桃山時代とも。

▼足利義政　一四三六〜九〇。室町第八代将軍。専制政治を行おうとするが失敗し、側近の政治介入を許し、さらには後継者争いが応仁の乱を招いた。芸術を保護・育成し、その文化はのちに東山文化と呼ばれた。

▼足利義稙(義材)　一四六六〜一五二三。足利十代将軍。将軍職を追われ逃亡中の一四九八年に義尹、将軍職復帰後の一五一三(永正十)年には義稙と改名した。二度将軍に就任した。

▼惣村　鎌倉時代後期から畿内を中心に形成された自治村落。

実権をめぐり対立したとみるべきである。

それでは、信長がめざした天下統一とはなんだったのだろうか。室町時代以来の畿内を中心とする民衆自治の高揚と、戦国大名による分権政治の達成を前提とする、一五七〇(元亀元)年以来の信長と大坂本願寺が組織する諸国の一向一揆との対決、すなわち戦国大名対民衆一揆という階級闘争の結果として天下統一が実現したとするストーリーが、今なお代表的な見方であろう。ここには、少なくとも二つの問題がある。

第一が、一向一揆の本質を民衆闘争とみてよいのかということである。これについては、すでに学問的に否定されている。惣村▲と一向一揆に直接の関係は見出せないし、組織された門徒には、百姓や町人ばかりではなく歴とした武士も少なくなかった。また一向一揆が、「仏法領」という宗教的理想領域の創出をめざしたとする研究もあったが、そのような理解そのものが成り立たないことが指摘されて久しい〔神田一九九八〕。

第二が、上洛以降の信長を戦国大名とみてよいのかということである。たしかに、それまでは戦国大名だったが、将軍を推戴した地方政権すなわち環伊勢海政権▲へと脱皮・変質していたことこそ重要である〔藤田一九九九〕。
さらに、安土城に入城した一五七六(天正四)年からは、右近衛大将すなわち将軍相当者としての立場からの統治を開始し、畿内から東海・北国におよぶ広大な所領を獲得して、「安土幕府」というべきあらたな武家政権を誕生させた〔藤田二〇一〇B〕。

戦国大名の推し進める分権化と、信長そして秀吉が強制した集権化は、ベクトルが真逆である。戦国大名の動きの延長上にあるのは数カ国規模の地域ブロックのゆるやかな統合と自立であって、信長は自覚的にその逆方向の改革を開始したといえる。戦国動乱の末に必然的に天下統一の方向に向かったのではないのだ。どうして信長のみが天下をめざしたのか、こそが問題なのである。

小著では、通説では室町幕府が滅亡したとされる一五七三(天正元)年から本能寺の変が勃発する八二(天正十)年までの一〇年間をおもな舞台とするが、とりわけ信長が天下統一を明確に意識するようになった八〇(同八)年からの三年間に着目する。そこで筆者が課題とするのは、次の二点である。

第一が、室町幕府の滅亡期と織田時代の始期について。

▼**環伊勢海政権**　伊勢湾を囲む尾張・美濃・伊勢の三カ国を本領とする初期織田政権。三八ページ参照。

▼**鞆の浦**　瀬戸内海の中央部に位置する古代以来の潮待ちの良港。足利尊氏・足利直冬・足利義稙も当地を訪れており、足利氏と縁が深い。

伝明智光秀像

鞆の浦御所跡方面を望む

一五七三年の信長による義昭追放によって、室町幕府が滅亡したのではない。義昭は、一五七六年には備後鞆の浦▲(広島県福山市)にくだり、「鞆幕府」によって戦国大名や大坂本願寺を動員して信長包囲網を形成し、帰洛に向けて長期にわたり画策した。

義昭が「天下」(京都を中心とする畿内をさす)の支配において実権を喪失した時期こそが、幕府滅亡期となる。通説のような、彼が京都からいなくなった時期ではないのである。同時に、これは信長単独政権としての織田時代の始期となる。

第二が、織田政権末期の家臣団内部の派閥抗争について。

明治時代以来、本能寺の変さえ起こらなければ、信長による強大な統一政権が誕生したと考えられてきた。たまたま信長がすきをみせたため、明智光秀が天下をねらったとする「単独謀反説」は、暗黙の了解事項だった。明治の国定教科書以来、学校現場では英雄信長像を子どもたちに刷り込み、加えて「戦国武将は天下をめざす」という学問的根拠のない「憶説」によって、逆臣光秀像は再生産され続けてきた。

ところが、信長個人の専制的性格とは裏腹に政権は意外にも脆弱であり構造欠陥をかかえていた。たとえば、一五七八（天正六）年には派閥抗争に敗退した荒木村重▲が反乱を起こすが、その背景として義昭を頂点とする反信長勢力との連携があったことが明らかになっている〔天野二〇一七〕。このように、政権末期には生き残りを賭けた重臣相互の派閥抗争が発生し、それに反信長勢力がつけ込むことで、政権が自壊しかねないような状況にあったのである。

　読者諸賢は、織田信長論を構築するうえで、本能寺の変に関する研究がきわめて重要であることに気づかれたであろうか。この政変がなければ豊臣政権が成立しなかったのだから、織豊時代研究における重要課題の一つであるといっても過言ではない。残念なことに、当該期を専門とする研究者においてすら、この点が十分に理解されてこなかったため研究蓄積はきわめて薄く、長らく歴史小説家や歴史マニアの独壇場だった。

　そこで、小著においては本能寺の変に関する新発見史料に関する検討から始めることにしよう。

▼**荒木村重**　一五三五～八六。摂津池田氏の家臣から台頭して摂津有岡城主となる。織田信長のもとでも重臣となるが、羽柴秀吉に活躍の場を奪われ、足利義昭や大坂本願寺と結びつき反乱する。

①本能寺の変の実像

変一〇日後の光秀書状

「鞆幕府」は、一五八〇（天正八）年までは「天下」に一定の政治的影響力を保持・行使していた。しかし、同年に織田信長包囲網の一翼を形成していた大坂本願寺▲が、勅命講和（後述、一三ページ）によって紀伊雑賀の鷺森本願寺（和歌山市）に退去して劣勢に立たされてしまう。それでも、足利義昭は信長討滅をめざし一貫して行動した。

このことに関係する史料が、二〇一七（平成二十九）年に発見された「（天正十年）六月十二日付土橋重治宛明智光秀書状」（以下、本史料と呼ぶ）である。これまでは、東京大学史料編纂所架蔵影写本「森家文書」所収の写しが知られていたが、このたび正文（実物）が岐阜県にある美濃加茂市民ミュージアムの収蔵品となり、実見する機会にめぐまれた。

つぎに、写真および読み下し文と現代語訳を掲げよう。

▼**大坂本願寺**　石山本願寺とも。真宗本願寺派の本山。一五三三（天文二）年に山科本願寺から移って本山となり、一〇年におよぶ抗争をへて八〇（天正八）年閏三月に顕如が織田信長と講和（勅命講和）し、紀伊雑賀に退去するまで機能した。

「（天正十年）六月十二日付土橋重治宛明智光秀書状」

〔読み下し文〕

なおもって、急度(きっと)御入洛の義、
御馳走肝要に候、委細
（闕字）上意として、仰せ出さるべく候条、
巨細(こさい)あたわず候、

仰せの如く、いまだ申し通ぜず候ところに、
（平出）上意馳走申し付けられて
示し給い、快然に候、然れども
（平出）御入洛の事、即ち御請け申し上げ候、
その意を得られ、御馳走肝要に候事、

一[1]、その国の儀、御入魂(じっこん)あるべき旨、
珍重に候、いよいよその意を得られ、
申し談ずべく候事、

一[2]、高野・根来・そこもとの衆
相談せられ、泉・河表に至り
御出勢もっともに候、知行(ちぎょう)等の儀、年寄を
もって国と申し談じ、後々まで互いに入魂
遁れがたき様、相談すべき事、

一[3]、江州(ごうしゅう)・濃州(のうしゅう)ことごとく平均申し付け、

六月十二日　　光秀（花押）

雑賀五郷
土橋平尉殿（重治）
御返報

（包紙上書）
惟任日向守

雑賀五郷
土橋平尉殿　　光秀
御返報

覚悟に任せ候、御気遣いある
まじく候、なお使者申すべく候、
恐々謹言、（以下、前ページ下段に続く）

〔現代語訳〕

○本文　仰せのように今まで音信がありませんでしたが〔初信であることの慣用表現〕、上意（将軍）への奔走を命じられたことをお示しいただき、ありがたく存じます。しかしながら（将軍の）ご入洛の件につきましてはすでに承諾しています。そのように（私たちが同じ立場だと）理解されて、ご奔走されることが肝要です。

一、雑賀衆が当方に味方されることについては、ありがたく存じます。ますますそのように心得られて、相談するべきこと。

一、高野衆・根来衆・雑賀衆が相談され、和泉・河内（ともに大阪府）方面まで出陣されることはもっともなことです。恩賞については当家の家老とそちらが話しあい、のちのちまでたがいに良好な関係が続くように、相談するべきこと。

一、近江（滋賀県）・美濃（岐阜県南部）までことごとく平定することを命じ、それがかないました。ご心配されることはありません。なお使者が口上で申すでしょう。

○尚々書き（追伸）　なお、必ず（将軍の）ご入洛のことについては、ご奔走されることが大切です。詳細に上意（将軍）からお命じになられるということですので、委細につきましては（私からは）申し上げられません。

▼**折紙**　本紙を横長に折って裏を礼紙（礼儀のため書状をつつんだ上包紙）がわりに用いた古文書の形状をさす。中世においては、判物・奉書・書状に用いられることが多い。

▼**土橋重治**　生没年不詳。紀伊雑賀の土豪。親信長派の鈴木重秀と対立し、足利義昭や長宗我部元親との連携によって雑賀を奪還しようとした。一五八五（天正十三）年の羽柴秀吉による紀伊攻撃の際、太田城（和歌山市）に籠城した。

▼**平出**　文書中に貴人に関する語があらわれた時に、これに敬意を表するため該当する用語の前で改行すること。

▼**闕字**　文書中に貴人に関する語があらわれた時に、これに敬意を表するため該当する用語の前に一文字程度の空白を設けること。

本史料の法量（寸法）は、縦一一・四センチ、横四八・九センチと小振りで継ぎ目のない横長の密書（機密文書）の形態である。筆跡はしっかりとした達筆で、料紙の伝存状態もきわめて良好である。本文中の筆致と光秀の署判に違いが認められないことから、自筆書状の可能性が高い。

加えて、平均すると幅約二センチの細かな折目が確認できたことも重要である。書状の奥にいささか黒ずんだ差出・宛所の部分があるが、これが包紙（縦一一・四センチ、横七・八センチ）に書かれた上書であることも確認できた。きっちりとコンパクトにたたまれて、包紙につつまれて運ばれたのである。

今回の調査の結果、この光秀書状は折紙▲の形態ではなく、原型を変えずにそのまま軸装されて大切に伝存されていたことが判明した。内容については、写しと原本との異同は認められなかったが、第三条の江州の次が「濃州」と確定できた。

以上から、本史料は筆致・料紙からも問題がなく、本能寺の変直後に光秀の意思を伝えた密書として、臨場感あふれる第一級の史料と評価されるものである。

反信長勢力の連携

本史料は、拙稿によって一五八二(天正十)年六月二日未明に発生した本能寺の変の関係史料であることが判明している(藤田一九九六)。信長家臣の光秀が、反信長派雑賀衆のリーダーである土橋重治▲と接する可能性は、本能寺の変よりあとのことと考えられる。京都を離れており文中でその「上意」や「御入洛」が平出▲や闕字▲で敬われる人物は将軍クラスの貴人であり、信長亡きこの時期においては将軍足利義昭のほかに存在しない。

また「光秀(花押)」と署判するのも、本能寺の変のあとの光秀書状の特徴である。後述する「(天正十年)六月九日付光秀自筆覚書」(永青文庫所蔵「細川家文書」)も同様で、通常、惟任日向守と記されているのだが、どういうわけか実名と花押のみとなっている。花押については、両文書とも同型である。

宛所の土橋氏は、紀伊雑賀(和歌山市)の土豪である。一五八〇(天正八)年三月に顕如▲が正親町天皇の仲介で信長との講和を受け入れ(勅命講和)、大坂本願寺から退去して当所の鷺森本願寺(和歌山市)に下向して以来、雑賀においては、信長派の鈴木重秀▲と反信長派の土橋守重とが地域を二分して反目していた。

▼**顕如**　一五四三〜九二。真宗本願寺派第十一世宗主、諱は光佐。織田信長と一〇年におよぶ抗争を繰り広げたが、一五八〇(天正八)年閏三月に正親町天皇の仲介を受け入れて講和し、紀伊雑賀鷺森本願寺に退去した。

▼**鈴木重秀**　生没年不詳。紀伊雑賀の土豪。孫一とも。反信長として行動していたが、顕如と同調。信長の後援をえて敵対する土橋守重を殺害し、一時は雑賀を自派で統一した。

顕如光佐像

長宗我部元親像

▼**『宇野主水日記』**　『天文日記』とも。大坂本願寺の右筆・宇野主水による日記。大坂本願寺や一向一揆の動向、そして畿内政治を知るうえでの第一級史料。

▼**長宗我部元親**　一五三九～九九。土佐岡豊城を本拠とする四国最大の戦国大名。長宗我部国親の長男で、母は美濃斎藤氏の娘。正室は石谷光政の娘で斎藤利三の異父妹。一五七八（天正六）年以降、信長と良好な関係を築く。

一五八二年一月二十三日に、重秀は守重を殺害して雑賀を平定した（『宇野主水日記』▲）。それまで守重は、一貫して反信長派人脈のなかで行動しており、とりわけ長宗我部元親▲（土佐岡豊城主）と親密な関係にあった。事件直後に、守重の弟重治は土佐に逃亡したといわれる。

『晴豊記』には、重秀があらかじめ信長の軍隊をあずかっていたことが記されている。『信長公記』▲にも、内々に信長の上意をへて守重を殺害させたとある。したがってこの事件は、政治路線をめぐる対立を前提とし、信長の内意を受けて発生したとみられる。事件直後には、和泉岸和田城の織田信張が重秀を援助するために進駐している。重秀のもとに、雑賀は統一されたのである。

このような情況のなか、本能寺の変が勃発したのであった。変の直後に亡命先から雑賀に帰還した重治は、重秀らの信長方勢力を一掃した。『宇野主水日記』には、六月三日夜に重秀が雑賀から脱出し岸和田城に入城したこと、四日には重治によって重秀方勢力の掃討が行われたこと、その頃に長宗我部元親から書状が鷺森本願寺にもたらされたことが記されており興味深い。

重治が光秀に対して援軍を派遣することを申し出たのは、本史料の冒頭部分

▼『信長公記』　織田信長の弓衆だった太田牛一による信長一代記。信長の幼少時代から信長が足利義昭を奉じて上洛する前までを首巻とし、上洛から本能寺の変まで一五年の記録を全一六巻にまとめている。

足利義昭像

からわかるように、義昭からの指示があったからで、偶然ではなかった。同様に、変へのすばやい対応から前もって義昭から情報をえて軍事行動した可能性の高いのが、若狭守護武田元明（近江佐和山城奪取）、近江北郡守護京極高次（近江長浜城奪取）、伊勢国司北畠具教旧臣（山崎の戦いに出陣）などの反信長勢力である。

将軍義昭を奉じる

まず、宛所の脇付に「御返報」とあることから、本史料が土橋重治書状への光秀の返書だったことを確認しておきたい。日付から推して、雑賀に復帰した重治が光秀に宛てて与同と援軍の派遣を申し出たことがわかる。

冒頭でたがいにはじめて接触することを確認したのち、重治から将軍に味方するようにとの申し出があったが、すでに応じていることを伝えている。重要なのは、あらかじめ義昭サイドから帰洛を援助するようにと働きかけがあったことだ。遅くとも本史料を認めた一五八二（天正十）年六月十二日までに、光秀が旧主義昭（一五七一〈元亀二〉年まで仕える）を推戴していたことになる。

第一条では、当時「国」と呼ばれた雑賀衆▲〔小山一九八三〕と連携することを了承している。土橋氏を中心とする雑賀衆は、紀伊の反信長派の中核メンバーだったから、光秀も心強く感じただろう。

第二条からは、重治が光秀に高野衆▲や根来衆▲とともに和泉・河内方面へ援軍を派遣することを申し出たことがうかがわれる。光秀は、それを了承したのである。この援軍に関しては、「（天正十年）六月十五日付粟屋元種宛小早川隆景書状写」〔三原浅野家文書〕から、「紀伊国衆雑賀・根来・高野悉く申し合わせ、境目へ打出るの由候」と、毛利氏のもとにも情報が入ったことが確認できる。

第三条では、光秀が近江さらには美濃を押さえたので心配ないことを伝えている。これは、両国の諸城が光秀の勢力下におかれ、山崎の戦い▲ののちに羽柴秀吉と織田信孝（信長三男）らが侵攻したことがわかっているから事実である。

尚々書では、逆に光秀から重治に義昭への奔走を確認している。重治から求めてきた軍事的な指示については、義昭の命令を待つようにと回答したことも重要である。光秀がこれ以前に義昭を奉じており、意思疎通のできる独自のパイプがあったからこそ、主体的に命じたのである。もし、重治の仲介でこの時

▼**雑賀衆**　現在の和歌山市と海南市の一部に存在した雑賀荘・十ヶ郷・中郷（中川郷）・南郷（三上郷）・宮郷（社家郷）の五つの地域（五郷・五組・五搦などという）の土豪衆。大坂本願寺や長宗我部氏に助力した。

▼**高野衆**　高野山金剛峯寺の僧侶集団。ここでは、土豪的な経営を行っていた行人方といわれる下級僧侶たちをさす。

▼**根来衆**　真義真言宗本山根来寺（一乗山大伝法院）の僧侶集団。ここでは、土豪的な経営を行っていた行人方といわれる下級僧侶たちをさす。和泉国熊取谷（大阪府熊取町）の土豪中家出身の成真院（のちの旗本根来氏）が知られている。

点で義昭を推戴したのならば、このような表現にはならない。

本史料からは、重治が当時、備後鞆の浦に亡命していた義昭の指示によって行動していること、光秀もすでに帰洛戦への協力を約束していたことが判明する。義昭の指令を受けて行動していた重治は、光秀と面識がなかったため「味方」であることを申し出たのである。

これにかかわって興味深いのが、本能寺の変の情報を雑賀衆が毛利氏に伝えたことである。一六〇一(慶長六)年のものと推定されている「吉川広家自筆覚書案」(吉川家文書)には、秀吉が備中高松城で対陣していた時に、「信長御生害の故、当方御和平仰せ談ぜられ、御陣打ち入らるべきの折節、紀州雑賀より、信長不慮の段、慥ニ申し越し候」と、すなわち雑賀衆が毛利氏に本能寺の変の情報をもたらしたというのである。この雑賀衆とは、土橋方の使者にちがいない。

天下人をめざしたのか?

光秀が義昭からのアプローチを受けたのは、後述するように数カ月も前のこ

▼**山崎の戦い**　一五八二(天正十)年六月二日の本能寺の変ののち、備中高松城の陣所から猛烈な勢いで引き返してきた羽柴秀吉軍が(中国大返し)、六月十三日に摂津・山城国境の山崎において、明智光秀の軍勢を破った戦い。

とであった。研究者のなかには、本能寺の変の情報が鞆の浦に伝わってから義昭が画策して光秀に近づいた、あるいは形勢の悪化から光秀のほうから義昭に近づいたと主張する向きがあるので、当時の情報伝達の実態についてふれておきたい。

まず、情報伝達にどのぐらいの時間を要したのか考える。これにかかわって越中堺城（宮崎城とも、富山県朝日町）まで進軍していた柴田勝家▲の場合が参考になる。本能寺の変が勃発した六月二日未明からほぼ五日かかって、情報をもった使者が約二八〇キロを駆け抜けて六月六日に勝家のもとに到達したことが確認されている〔藤田二〇一六〕。

二八〇キロといっても直線距離であり、街道には橋がかかっていなかったり、伝馬制度も十分ではなかった時代である。ここでは、単純計算で使者が一日当り平均五〇キロ進むと仮定したい。

京都から備後鞆の浦の義昭までは、直線距離にして約二三〇キロあるから、使者の所要日数として最低四日はかかったであろう。ここで、形勢が悪化して光秀から義昭に接近したとする見方は成立しなくなる。光秀が不利な立場に追

▼柴田勝家　一五二二？～八三。織田信長の重臣。越前北庄城主。前田利家・佐々成政・不破光治らを与力として（府中三人衆）、一五七六（天正四）年以降、上杉氏との戦いを担当した。本能寺の変当時は、越中魚津城を攻撃していた。

▼細川藤孝　一五三四～一六一〇。十三代将軍足利義輝に仕え、義輝死後は足利義昭の擁立に尽力し、明智光秀と知りあう。織田信長に従い山城勝龍寺城主となり、一五八〇（天正八）年からは光秀の与力として丹後宮津城主となった。

い込まれたのは、細川藤孝に与同を求めた六月九日から筒井順慶の説得に失敗した六月十一日にかけてだったからである。この時期には、重治からの書状が届いていたであろう。

　義昭から接近した場合、六月二日未明に発生した変の情報を六月五日夕刻頃にえたとしても、信長横死の情報の確度を精査する時間が必要だった。仮に、義昭が翌日に信長横死を確信して六月七日早朝に使者を出発させたのならば、京都付近に到着するのは最速で六月十日頃となる。ただし、「中国大返し」による街道筋の大混乱のなか、道中無事に秀吉軍を追い抜いていったとしてのことである。

　問題は、ここからである。使者は、京都とその周辺諸国を移動していた光秀を探さねばならず、しかもあやしまれないように接近せねばならなかった。やはり、光秀が土橋重治の書状を受け取る前に義昭の御内書をえるのは不可能だ。電話もEメールもない時代である。情報伝達には、それなりの時間が必要だったのである。

　仮に、もし光秀がみずから天下人になるためにクーデターを起こしていたの

▼筒井順慶　一五四九〜八四。大和筒井城主筒井順昭の子息。明智光秀を介して信長に与する。一五七八(天正六)年に大和を平定する。足利義昭養女を娶り、光秀とも縁戚関係があったといわれる。一五八〇(天正八)年からは大和郡山城主となった。

▼御内書　室町幕府の将軍が発給した私的な書状の形式をとった公文書。近臣の副状(添状とも)とセットになって発給される。

筒井順慶像

細川忠興像

▼**細川忠興**　一五六三～一六四五。細川藤孝子息。織田信長の指示で明智光秀息女玉子(ガラシャ)を娶る。

▼**石谷家文書**　林原美術館所蔵、全三巻、四七点。室町幕府奉公衆だった石谷光政・頼辰父子に関係する古文書群。『石谷家文書　将軍側近の見た戦国乱世』収録。以下、石―文書番号で表記する。

ならば、義昭の使者がやってきたとしても、ただちにその要求を受け入れ、将軍を奉じて幕府を再興するという大きな方針転換ができたであろうか。これについては、変から七日後に作成された「(天正十年)六月九日付光秀自筆覚書」(細川家文書)が参考になる。

本史料において、光秀は今回のクーデターの目的は、光秀の娘婿である細川忠興▲を取り立てるためのものであると念を押し、五〇日・一〇〇日のうちに畿内を平定して地盤を確立したあとは、天下を子息十五郎や忠興に引き渡して引退すると記している。管領家に連なる細川家や幕府衆である明智家を中心とした国家を構想しているのだから、やはり義昭の帰洛による幕府再興のためのクーデターだったと理解するべきである。

「なぜ文中に義昭のことが書かれていないのか」との声も聞こえてくるが、彼ら幕府衆にとって当然であり共通認識だったから書く必要がなかったと、筆者は理解している。あわせて、混乱が収束したら引退するとの意思表明からも、光秀自身が天下人をめざしたのではないことがわかる。

「(天正十年)一月十一日付石谷光政宛斎藤利三書状」(史料Ａ，石‒32)

変一〇日前の元親書状

二〇一四年六月二十三日に岡山市の林原美術館において、館蔵の新出史料「石谷家文書」に関するマスコミ発表があったが、記憶に残っている方も少なくないのではあるまいか。

当日、マスコミに配付された資料の「林原美術館所蔵の古文書研究における新知見について――本能寺の変・四国説と関連する書簡を含む」というタイトルが物語るように、本能寺の変関係の二点――「(天正十年)一月十一日付石谷光政宛斎藤利三書状」(史料Ａ、石―32)・「(天正十年)五月二十一日付斎藤利三宛長宗我部元親書状」(史料Ｂ、石―19)――を中心にコメントされ、いわゆる「四国説」が脚光をあびることになった。

とりわけ注目されたのが、本能寺の変の一〇日前に作成された史料Ｂである。冒頭で紹介した光秀書状は変の一〇日後のものであるから、今回の発見によって変を挟んで二〇日間の光秀家中の動きが線でつながったことが重要だ。それでは次に、第四・五条を除く本文の現代語訳を掲げる。

1 一、このたびの信長の朱印状に対するご承諾が、何かと今まで遅れましたこ

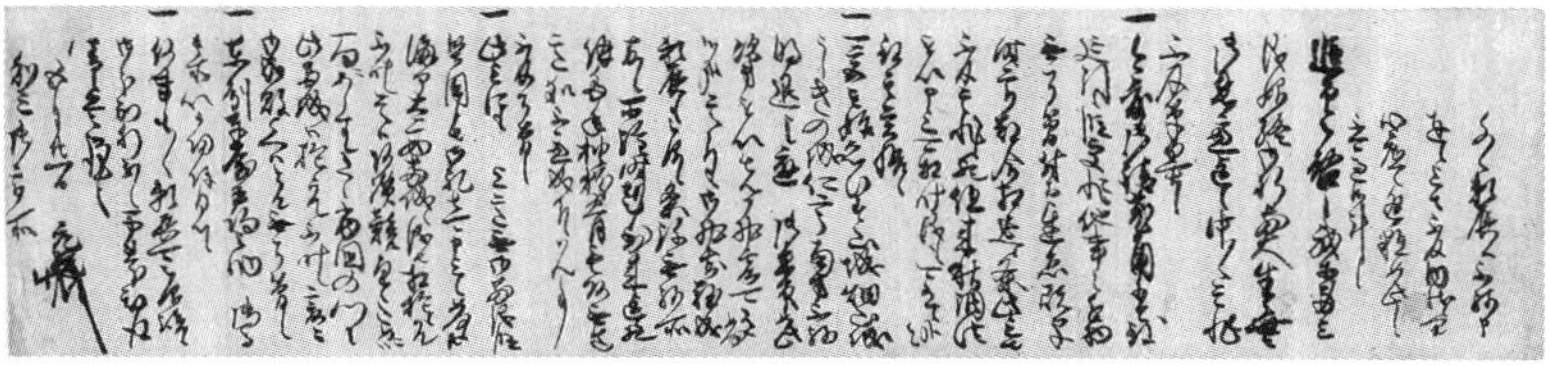

「（天正十年）五月二十一日付斎藤利三宛長宗我部元親書状」（史料B，石−19）

とは、とくに他事があったのではありません。（信長に対する）贈物を取り計らうことができず、遅くなってしまい、時節柄をすぎてしまったのですが、このままではどうしようもないでしょうか。ただし、秋に準備して申し上げれば、信長の意向にもかなうこともあるかと認識しております。

一、[2]一宮（いちのみや）城をはじめ夷山（えびすやま）城、畑山（はたやま）城、牛岐（うしき）城、仁宇（にう）南方から残らず撤退しました。信長の朱印状の内容に応えて、このような対応をもって、信長にご披露していただけないでしょうか。これでもご披露するのがむずかしいと石谷頼辰（よりとき）が仰っているので、いよいよ妥協の余地はなくなってしまっています。もはや、戦いの時が到来したのでしょうか。当方は、多年にわたり信長のために粉骨し、まったく反逆する気持ちはないのに、思いもよらない仕打ちにあうことは、納得できないことです。

一、[3]このうえ信長の命令に変更がないことが確実であるならば、お礼を申し上げねばなりません（防戦せざるをえないとの意か）。どうあっても、海部（かいふ）・大西（おおにし）両城については、こちらで維持せねばなりません。これは阿波（あわ）・讃岐（さぬき）の領有を望んでいるためでは、まったくありません。ただ、土佐の玄関口にこの両城があたりますので、こちらで維持せねばならないのです。ここまで差し出さねばならないのでは納得できません。

（以下、二条略）

和平交渉の行方

冒頭で、信長が示した四国国分案▲に関する回答が遅くなったことを元親が詫び、従う意志をみせている（第一条）。ただし、正確には信長への降伏を条件つきで受け入れたと理解するべきである。

具体的には、第三条で阿波・讃岐を手放すことを認めていることから、第二条の「御朱印」とは、「天正十年五月七日付三好（神戸）信孝宛信長朱印状」（寺尾菊子氏所蔵文書）で示した、四国攻撃ののちに、讃岐を信孝に、阿波を三好康長▲にあずけるという信長の国分案を、元親に伝えるものだっただろう。

すでに、信長の先遣隊である三好康長の軍隊が、阿波に上陸して戦闘が開始されていた。阿波の主要城郭である一宮城（徳島市）、夷山城（徳島市）、畑山城（徳島県阿南市）、牛岐城（阿南市）、仁宇南方（阿南市）から長宗我部軍が完全撤退

▼**国分**　国切とも。大名間の領土協定のこと。織豊期においては、天下人の命じた国境画定とそれにともなう大名への領地・領民・城郭の預け置きをさす。

▼**三好康長**　生没年不詳。阿波岩倉城主、河内高屋城主。三好長秀子息、元長の弟。三好長慶の叔父にあたり、長慶没後、三好一族の実力者。一五七五（天正三）年に織田信長に属するが、長宗我部元親と対立し羽柴秀吉に接近した。

しているが（第二条）、これも国分案を認めてのものであろう。

ただし、阿波の海部（徳島県海陽町）と大西（徳島県三好市）の両城は土佐の玄関口にあたるのでこのまま所持したいと講和条件を示し、認められない場合は納得しかねると、本格的な戦闘突入を示唆している（第三条）。

史料Bの発見によって、信長の西国出陣を目前に、ギリギリの時点まで元親が光秀重臣斎藤利三▲を介して信長との和平交渉を試みていたことが明らかになった。宛先の利三は、この当時、主君光秀と行動をともにしていた。

ちなみに光秀は、五月二十六日に近江坂本から丹波亀山に移動し、二十七日に愛宕山▲に参籠し一泊して亀山帰城、六月一日夜に本能寺をめざして出陣した。信長が安土から入京するのが、五月二十九日のことだった。この頃までに、光秀や利三は信長との交渉——おそらくは土佐一国安堵の確約をめざした——を必死に試みたと思われるが、時すでに遅く受け入れられなかったのだろう。

五月下旬の時点で、信孝と康長の軍隊による阿波・讃岐制圧は既定路線となっており、信長が彼らに八月までの兵粮をあたえたことがわかっているから〔藤田二〇一五〕、戦況次第では土佐に攻め入ることも十分に想定することがで

▼斎藤利三　一五三四〜八二。美濃の幕府奉公衆家出身。稲葉一鉄に仕えていたが仲違いの末、明智光秀に仕えた。丹波黒井城主となる。徳川家光の乳母春日局の父親でもある。本能寺の変に深く関与した。

▼愛宕山　愛宕神社が鎮座し武神として戦国武将の信仰を集めた。明智光秀が参籠し、愛宕百韻をよんだことでも知られる。光秀が登った京都府亀岡市から愛宕山への登山道は、「明智越え」と呼ばれている。

きる。

　長宗我部氏の窮地を救うべく光秀が本能寺の変を起こしたとする「四国説」に〔藤田一九九六〕、史料Bは符合するものだったが、新発見の光秀書状はさらにあらたな視点を加える内容をもっている。ギリギリまで長宗我部氏と信長とのあいだを調整しようとしたものの、それが不調に終わった時のために備えて、旧主義昭との関係を復活させていたことである。

　最終的に信長から離反した光秀は、毛利氏や長宗我部氏に推戴された将軍義昭の帰洛による幕府再興をめざしたのだ。義昭の立場から見ると、一五七三（天正元）年七月に宇治槇島城（京都府宇治市）の戦い▲で信長に敗退して以来、信長包囲網を形成しながら何度も試みた帰洛戦の一環として、本能寺の変を位置づけることができるのである。

毛利―長宗我部同盟

　光秀書状の翌日、六月十三日付で、義昭は小早川隆景▲の重臣乃美宗勝に宛てて御内書〔本法寺文書〕を発した。本文を抜粋しよう。

▼宇治槇島城の戦い　一五七三（天正元）年七月、同城に籠もった足利義昭と織田信長との戦い。義昭は子息を人質として差しだして降伏した。義昭は現職の将軍のまま亡命し、その後も信長包囲網の中枢にあり、帰洛を画策した。

▼小早川隆景　一五三三〜九七。毛利元就の三男。竹原小早川氏の養子となり、やがて沼田小早川氏を継承して、小早川氏を統合した。元就次男の吉川元春とともに毛利両川として甥の輝元を支え続けた。

小早川隆景像

信長を討ち果すうえは、入洛の儀急度馳走すべき由、輝(毛利)元・隆(小早川)景に対し申遣す条、この節いよいよ忠切(節)を抽(ぬき)んずる事肝要、本意においては、恩賞すべし、よって肩衣(かたぎぬ)・袴(はかま)これを遣す、なお昭(真木島)光・家(小林)孝申すべく候也、

冒頭部分を現代語訳すると、「信長を討ち果たしたうえは、入洛の儀については急ぎ奔走すべきことを毛利輝元(てるもと)▲・小早川隆景に対し申し遣わしたので、この時期に臨んでますます忠節をつくすことが肝要である」となる。これについては、素直に読むかぎり義昭自身が画策して信長を討ったことを表明している。それをふまえて、輝元と隆景の帰洛戦への供奉(ぐぶ)を命じているのである。

これには関連史料として、(天正十年)六月十七日付でいずれも長宗我部元親の外交を担当した香宗我部安芸守親泰(こうそがべあきのかみちかやす)▲に宛てた義昭の御内書と真木島昭光(まきしまあきみつ)の副状(そえじょう)がある。両史料ともに、ほぼ同内容なので御内書〔香宗我部家伝(かでん)証文〕の本文のみを抜粋する。

先度元(長宗我部)親帰洛の事、忠切(節)を抽んずべき由言上する条、悦喜の通り申し遣わし候、いよいよ芸(毛利輝元)州と相談し、馳走候様申し聞かすべし、なお昭(真木島)光・家(小林)孝申すべく候也、

▼毛利輝元　一五五三〜一六二五。毛利隆元(たかもと)子息、安芸吉田郡山(あきよしだこおりやま)城主。亡命した将軍足利義昭を迎え副将軍となる。以後、義昭の帰洛戦に協力して織田信長と敵対する。一五八二(天正十)年、信長との決戦に備えて長宗我部元親と同盟した。

▼香宗我部親泰　一五四三〜九三。長宗我部国親三男。元親の実弟。長宗我部氏の外交を担当した。一五五八(永禄元)年に香宗我部親秀の養子となる。おもに阿波支配を担い海部城(徳島県海陽町)や牛岐城(徳島県阿南市)を拠点とした。

毛利輝元像

▼毛利—長宗我部同盟　関係史料には「芸土入魂」と表現される。足利義昭が仲介し側近小林家孝が使者をつとめ、伊予の金子元宅や讃岐の香川信景が奔走して実現した。一五八四（天正十二）年まで維持される。

義昭は、親泰に対してみずからの帰洛に忠節をつくすことを、元親がすでに同意していることを確認し、ますます芸州すなわち毛利輝元と相談して奔走することを命じている（傍線部）。重要なのは、義昭の帰洛については毛利—長宗我部同盟が前提となっていたことである。

ここでは、両史料に共通する本文末の「なお昭光・家孝申すべく候也」との表現に着目したい。管見のかぎりで、一五七九（天正七）年以降の義昭御内書に記された副状作成者は基本的に昭光単独であり、異例である。

近臣の小林家孝が、義昭の帰洛のために中国—四国間をしきりに往復していた時期としては、一五八二（天正十）年六月か八三（同十一）年六月の可能性が高い。ただし、一五八三年では四月に賤ケ岳の戦いが終結しており、義昭が上洛戦を呼びかけるような戦争はなかった。よって一五八二年に比定するべきであるから、本能寺の変以前に毛利—長宗我部同盟▲が結ばれていたことになる（詳細は八一〜八五ページを参照されたい）。

前掲の二通の光秀書状（六月九日・六月十二日）と二通の義昭御内書（六月十三日・六月十七日）は、光秀と義昭が変の直後に認めたものだけに、きわめて意味深長である。これらを整合的に理解すると、義昭が光秀に命じて信長を討ち果たし、毛利・長宗我部両氏が義昭を奉じて帰洛することになっていたことになる。いずれもリアルタイムの一次史料であることから、筆者はこれまで義昭の変への関与を主張してきた〔藤田一九九六など〕。

室町幕府の再興、といってもピンとこないかもしれない。「信長が義昭を放逐して一〇年もたつのだから、今さら時代錯誤なスローガンを奉じたところで、誰も本気で相手にしてくれなかったではないか」との声も聞こえてくる。私たちは、とかく先入観に基づくイメージによって判断しがちだが、はたして本当にそうだったのだろうか。

幕府再興をめざす

ここで、光秀と主君義昭との関係についてふれておきたい。実は、光秀は二度義昭を奉じて歴史を動かしているのである。

光秀の前半生は謎に満ちている。美濃土岐氏▲の一族出身で、青年期に戦乱を避けて美濃を去り、のちに越前の朝倉義景▲に仕え、一五六六(永禄九)年に朝倉

▼**土岐氏**　南北朝期から戦国期にかけて、美濃守護をつとめるとともに室町幕府にも影響力をもった有力大名。

▼**朝倉義景**　一五三三〜七三。越前守護をつとめた戦国大名。足利義昭を居城一乗谷に招き元服させたりしたが、北国政治の安定化のために利用するばかりで上洛戦を起こす意思がなかったため、義昭は見切りをつけた。

立政寺（岐阜市）

氏を頼って越前一乗谷に亡命してきた義昭一行と出会い、登用されたらしい。年齢的には、信長より年長である。

一五六八（永禄十一）年七月、信長は美濃立政寺（岐阜市）に義昭を迎えた。この運命的な出会いに、光秀が関与していたといわれる。彼は義昭とともに朝倉氏のもとを離れ、信長を頼って幕府再興のために歴史を動かそうとしたのである。これに関して、光秀が信長の正室濃姫（帰蝶）のいとこにあたるとする説がある〔小和田一九九八〕。

義昭は信長の助勢を受けて上洛し、同年十月に念願の第十五代将軍に任官した。光秀は、上洛戦に従軍し各地に転戦したと思われるが、その活躍は翌一五六九（永禄十二）年になってから確認されるようになる。この時期の光秀は、義昭側近という立場は維持したまま信長に仕える両属状態にあった。

光秀は、一五七一（元亀二）年の延暦寺焼討ちののちに山門領を知行するようになる。ところが、幕臣という立場にありながら、山門領あるいは山門末寺領と主張して青蓮院をはじめとする門跡領の押領を行っている。そのため義昭から譴責を受けたようで、この事件がもとで幕臣という立場をすてている。

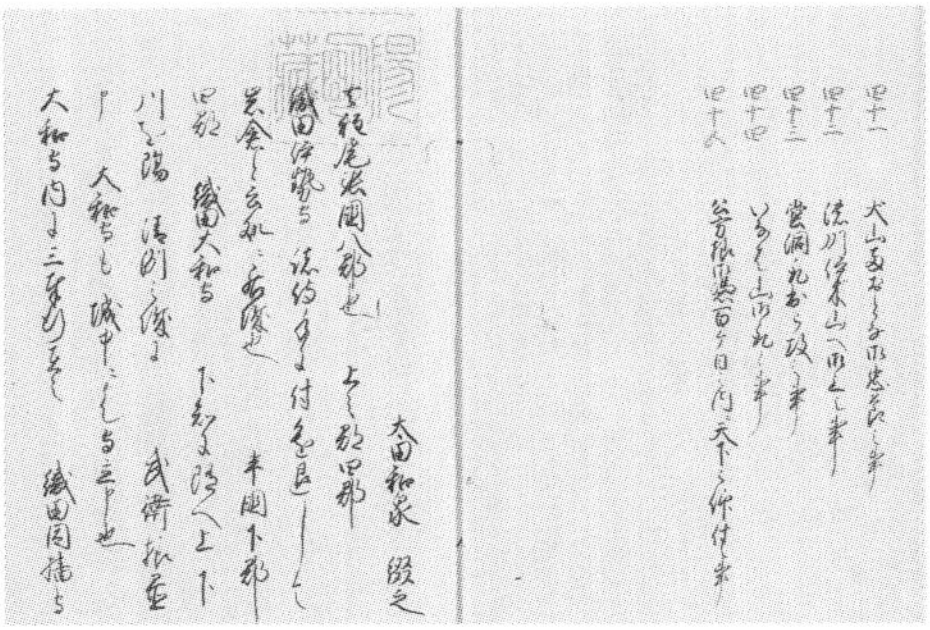

『信長公記』

▼佐久間信盛　一五二八〜八二。織田家譜代重臣。近畿地域を支配する筆頭重臣の立場にあったが、反抗的な言動で信長の怒りを買い一五八〇（天正八）年に失脚した。その後任的な立場になったのが明智光秀だった。

義昭から暇をえて信長に仕えた光秀は、ただちに要衝近江坂本城（滋賀県大津市）をあずけられて、重臣への道を歩む。一五七五（天正三）年までは京都代官、それ以降は丹波攻めを担当した。山間の大国でゲリラ戦に悩まされ困難をきわめた戦いだったが、一五七九（天正七）年に丹波一国の平定戦を完了する。『信長公記』には、信長がその活躍を絶賛したことが記されている。

信長からは、恩賞として丹波を宛行われ、亀山城（京都府亀岡市）を築城する。それに加えて、隣国の丹後で細川氏と一色氏を与力としてあずけられた。さらに失脚した佐久間信盛▲に付属していた筒井順慶（大和郡山城主）も与力となり、池田恒興（摂津伊丹城主）・中川清秀（摂津茨木城主）・高山重友（摂津高槻城主）ら摂津衆を従えた。

これによって光秀は、近江志賀郡・上山城・丹波を領有し、丹後と大和から摂津方面へ、さらには親戚筋の長宗我部元親が勢力をたくわえる四国方面にも影響力をもつ、織田家随一の重臣としての地位を獲得したのである。

光秀は、信長から準一門衆とみられていた可能性が高い。信長正室と血縁関係にある可能性に加えて、一五八一（天正九）年に死去した妹が信長寵愛の側室だったからである（勝俣二〇〇四）。また、長宗我部元親とは、甥の石谷頼辰（よりとき）の義理の妹が正室という関係だった（六五ページ系図参照）。

短期間に異例の出世をとげた光秀ではあったが、一五八二（天正十）年六月二日未明に旧主義昭を奉じて本能寺の変を起こす。しかし、同月十三日には山崎合戦に敗退し、坂本城に向かう途中で落ち武者狩りに襲われて落命した（藤田二〇一〇A）。

信長の西国攻撃を直前にひかえた当時、義昭は相変わらず執念深く帰洛のために画策していた。この時期に政権内部で窮地に陥っていた光秀に目をつけて、その重臣に側近を派遣して誘いをかけたのだった。これは、一五七八（天正六）年に発生した荒木村重（あらきむらしげ）の反乱（八ページ参照）と、まったく同じパターンであった。義昭の情報収集能力と行動力には、舌を巻かざるをえない。

なお、本能寺の変ののち、柴田勝家さらには羽柴秀吉さえもが義昭に接近している。勝家は、副将軍毛利氏の軍事力を利用するため、秀吉は毛利氏と友好関係を築くためだったが、いずれも義昭の帰洛を許している。彼らは、この段階においても義昭に利用価値を認めていたのである。

②──「鞆幕府」との角逐

信長の戦国大名時代

信長の父織田信秀は、尾張勝幡を拠点とする織田氏に出自をもつ。彼は、勝幡城（愛知県愛西市・稲沢市）に近い門前町そして港町として栄えた津島（愛知県津島市）を押さえ、一五三四（天文三）年頃には今川氏の那古野城（名古屋市）を奪って信長にあたえ、みずからは古渡（名古屋市）に築城して移った。

そして津島と同様に門前町かつ港町として殷賑をきわめた熱田（名古屋市）を制し、その豊かな経済力を基盤に、三河や美濃へと出陣を繰り返し、守護代である織田一族をもしのぐ実力をたくわえた（四二ページ系図参照）。

一五五二（天文二十一）年三月、信秀は突如として病死した。亡父の軍事的達成を継承すべく、信長は近隣大名との同盟によって対外戦を回避し、管領家であり尾張守護家でもあった斯波氏▲との、のちには足利将軍家との関係を利用して、尾張統一をめざした。

信長が伝統的権威に頼ったのは、戦国初期まで守護代織田氏が斯波氏ととも

▼**斯波氏**　将軍足利氏の有力一門であり、細川氏・畠山氏とともに交替で管領に任ぜられる有力守護大名であった。越前をはじめ尾張・遠江などの守護職を兼帯し、三管領家の筆頭に位置した。

に在京していたこと、また尾張とその周辺諸国においては奉公衆▲が多かったことが、その理由としてあげられる。

尾張においては、清須城(愛知県清須市)の守護代織田氏＝織田大和守家や、岩倉城(愛知県岩倉市)の織田氏＝織田伊勢守家をはじめとする有力一族による共同支配が行われてきた。信長は、近隣領主層の保守的な志向を意識し、室町秩序の回復を標榜していることを印象づけたのである。

信長の初期外交に注目するならば、守護土岐氏にかわって美濃一国を支配した斎藤道三(利政)との関係が重要である。長年、衝突のたえなかった信秀と道三とが軍事同盟を結んだのは、一五四八(天文十七)年秋のことといわれ、翌年二月に信長と道三息女濃姫が縁組みした。信長の外交は、舅道三との関係から出発したといってよい。

信長は、一五五三(天文二十二)年四月に美濃国境にほど近い尾張の富田聖徳寺(愛知県一宮市)において道三と会見し、代替りを機に同盟を強化しようとした。『信長公記』は、この両雄の劇的な出会いを、信長の非凡な外交能力と道三の鋭敏な人間観察力とのせめぎあいの瞬間として巧みに描写している。

▼**奉公衆**　室町将軍直属の軍事力を担う名門武士で、五番に編成されたことから番衆、番方などと呼ばれた。江戸時代の旗本に相当する。

ここで、道三の目には信長が「大だわけ」「大うつけ」を演じていたことが明白となった。信長は、抜け目なく対等の攻守同盟を締結したのである。たとえば一五五四（天文二十三）年正月に、信長は那古野城を道三からの援軍安藤守就にまかせ、今川義元方の尾張村木城（愛知県東浦町）を力攻めで落としている。同盟の効き目は、さっそくあらわれたのである。

一五五三年七月、清須城にあった守護斯波義統は守護代織田信友方に殺害され、その子息義銀は信長を頼った。一五五四年五月に信長は信友を謀殺し、守護代家を滅亡させ清須城に入城し、事実上、斯波義銀の守護代▲となる。

当時の斯波氏は、実力的には昔日の面影はなく、重臣朝倉氏に追われて本国越前をすて、尾張に拠点を移していた。形式的にせよ信長は、義銀を守護として位置づけて清須城を献上しており、一五六一（永禄四）年に追放するまでは、旧来の守護代の例にならい、同城の櫓に居住した。守護―守護代体制の維持、信長の尾張統一事業は伝統政治の復活をめざすものとして推進されていく。この点においても、当初から信長が革命的なリーダーだったわけではない〔藤田一九九九〕。

▼**守護代**　在京する守護の命令を領国内で実際に処理（遵行）する代官。有力国人がつとめた。具体的には、守護一門やその傍流、あるいはその重臣が対象となり、複数選ばれることもあった。

主家織田大和守家を滅亡させ、尾張の過半を掌握した信長ではあったが、同国北部に勢力をもった織田伊勢守家を討滅すること、また末盛城（名古屋市）を居城とし、母親土田氏と林秀貞▲や柴田勝家などの重臣に支持されていた弟信勝を服従させること、これらが次の課題となった。

信長は、一五五八（永禄元）年十一月に信勝を清須城に呼びよせて殺害し、五九（同二）年三月には伊勢守家の織田信賢を降伏させ岩倉城を破却した。これをもって、尾張主要部の統一を実現したのである。

ここで注目されるのが、岩倉城攻撃中の一五五九年二月に信長が少数の側近とともに上洛し、将軍足利義輝に謁見したことである。尾張統一が射程に入ったこの時期、信長が義輝に接近したのは、事実上の尾張守護代としての政治的地位の保証をえることにあったとみられる。

ただし、伝統重視だった信長が、将軍との出会いをへて中世国家のフレームを変えるような大変革を推進させることになるのは、きわめて興味深い事実である。

▼**林秀貞**　一五一三〜八〇。織田家重臣。通勝と伝えられてきた。一五八〇（天正八）年八月、信長から二四年前の信勝擁立の謀反の罪を問われて追放され、紀伊で死去した。

徳川家康像

美濃制覇の意義

一五六〇（永禄三）年五月には、今川義元の尾張侵攻という、信長にとって未曽有の危機に遭遇する。現在、義元が上洛をめざしたことについては疑問視されているが、駿河・遠江・三河という大版図に接する尾張の領有を確実にすることを画策したことはまちがいない。

桶狭間の戦いにおける信長の奇跡的ともいえる大勝利は、信長の武名を一躍高めたばかりか、外交戦略に大きな変更をもたらした。翌一五六一（永禄四）年正月には、今川氏の傘下から離脱し三河岡崎城（愛知県岡崎市）に帰還した松平元康（以下、徳川家康と記す）と、水野信元の仲介で同盟する。これによって、東からの脅威が消滅するとともに、以後、畿内方面への侵攻が開始されるのである。

一五六三（永禄六）年、信長は美濃攻撃の第一歩として、本拠地を清須城から小牧山城（愛知県小牧市）へと移転する。これは、尾張北部の反信長勢力を一掃することを目的としたものである。なお、近年の発掘により、清須城では使用されなかった石垣が本丸や大手道に用いられ、城下町もあらたに計画的に造成されたことが明らかになってきている。

一五六五(永禄八)年五月、将軍足利義輝は三好義継や松永久秀らによって殺害されてしまう。身の危険を感じた義輝の実弟覚慶(のちの義昭)は、入室していた興福寺一乗院(奈良市)を急ぎ脱出し、近江甲賀郡の奉公衆和田惟政のもとに逃亡した。

覚慶は、還俗して義秋と名乗り、将軍任官を果たすために諸大名に協力を要請するが、とくに生前義輝と面識のあった信長に期待した。なお義秋については、一五六八(永禄十一)年四月に元服して義昭と改名するが、区別が煩瑣なので、以下においては義昭と統一して表現する。

信長は、一五六六(永禄九)年六月までに尾張守を称していた。一五六一年に追放した斯波氏にかわって、実質的に尾張守護家としての地歩を固めた証左とみるべきであろう。しかしこの時期の信長は、美濃侵略に精一杯で、義昭の要求には応えられなかった。義昭は、近江矢島から若狭をへて、朝倉氏の越前一乗谷(福井市)に逗留した。

信長にとって美濃制覇は、上洛するための前提として必要不可欠の軍事課題だった。同国を縦貫する東山道は、狭隘で峻険な鈴鹿峠が控える東海道と比べて大軍の移動に有利だったからである。そこで一五六五年十一月には、東美濃地域の安全を確保すべく、養女を武田勝頼▲に嫁がせた。

一五六六年八月、信長は念願の上洛を企てたが、斎藤義龍の嫡子龍興によって阻まれてしまった。対応策として、一五六七(永禄十)年五月に信長は息女徳(五徳)を家康子息信康に嫁がせ、家康との連携を強化する。同年八月には、斎藤氏の重臣である西美濃三人衆―稲葉良通・安藤守就・氏家直元―が内通し、稲葉山城(岐阜市)は陥落して龍興は一向一揆を頼って伊勢長島(三重県桑名市)に逃亡した。

環伊勢海政権

信長は、美濃・尾張そして伊勢という環伊勢海三カ国(伊勢海とは、伊勢湾と三河湾を含む呼称として使用する)の支配拠点として、居城を稲葉山城に移し、地名を中国の故事にちなんだ岐阜▲とした。

翌一五六八(永禄十一)年七月、信長は越前一乗谷から岐阜に足利義昭を迎え

▼**武田勝頼**　一五四六〜八二。武田信玄の子息。一五七三(天正元)年に信玄の死により家督を相続する。一五七五(天正三)年の長篠の戦いにおいて織田・徳川連合軍に大敗したことを契機に、領国の動揺を招き滅亡へと向かった。

▼**岐阜**　信長が沢彦宗恩に諮問した結果、「岐山(周の文王がここから興り天下平定をしたという故事にちなむ)」の岐と、孔子の生誕地「曲阜」の阜を組み合わせて命名したとする説がある。

ると上洛の準備にかかり、九月には尾張・美濃・伊勢・三河の軍勢を従え、迎え討つ近江六角氏▲や三好三人衆▲を一蹴して入京し、畿内を平定した。義昭が第十五代将軍に任官したのは、同年十月十八日のことだった。

信長によって再興された幕府は、長らく傀儡であると理解されてきた。しかし近年、義昭が幕府機構を整備し、御料所▲を再興し、さらに京都の商工業権益・地子銭などを掌握し、幕府としての実態をもっていたことが明らかにされている〔久野二〇〇九〕。

信長は畿内近国の大名衆とともに義昭を推戴し、光秀をはじめとする有能な幕府衆を組織することで室町幕府を再興した。信長が、副状を発給するなどして義昭を補佐したのは、外部権力としてではなく、最有力の幕臣という立場による。

以下、幕府と一体化し幕政に影響力をもったこの時期の信長権力を、初期信長政権すなわち環伊勢海政権と呼ぶ〔藤田一九九九〕。義昭の幕府は、京中支配においてすら信長の経済力や軍事力を不可欠としていた。京都の義昭と岐阜の信長の連携によって、政権運営がなされたのである。

▼**六角氏**　宇多源氏佐々木氏に属し、鎌倉期から戦国期にかけて近江南部を中心に勢力をもった守護大名。この時代は、観音寺城主六角義賢(承禎)が当主であり、一貫して織田信長と対立した。

▼**三好三人衆**　三好長慶の死後に畿内を中心に蠢動した三好長逸・三好宗渭・岩成友通をさす。織田信長に敵対するが、その入京後は敗退し衰退する。

▼**御料所**　室町幕府の直轄領をさす。

細川政元像

三好長慶像

将軍として専制政治を行おうとする義昭と、それを掣肘しようとする信長、ほどなく両者は幕政のあり方をめぐって対立し、最終的には一五七三(天正元)年七月の宇治槇島城合戦によって決裂した。

ただし、信長は早くも同年十一月に義昭の帰洛を打診したり、それが不調に終ると義昭子息(のちの興福寺大乗院門跡義尋)を推戴したりするなど、ただちに室町幕府を否定したのではなかった。将軍権威を後ろ盾としない政権運営は、岐阜城主のままでは無理だったからである。

ここから、信長はかつての細川政元▲や三好長慶▲とは異なり、みずからが将軍権力を奪取しようと行動を開始する。一五七五(天正三)年十一月に右近衛大将に任官し、翌年二月に安土に入城して以降、将軍相当者信長の「安土幕府」と現職将軍義昭の「鞆幕府」による権力並立期が始まるのである。政治史上の画期としては、一五七三年の義昭亡命よりも七六(天正四)年における幕府並立のほうが、よほど大きいのだ。

▼**細川政元**　一四六六〜一五〇七。一四九三（明応二）年に将軍足利義材を追放して専制政治を行い、事実上の最高権力者となった（明応の政変）。

▼**三好長慶**　一五二二〜六四。細川管領家の家宰だったが、将軍の足利義晴や足利義輝を京都から追い、三好政権を樹立する。

「鞆幕府」の公儀

戦国動乱の本質は、足利将軍家の分裂にあった（四二ページ系図参照）。現職将軍と足利一門の有力者すなわち将軍相当者との正統性をめぐる相剋だったのであり、管領や有力守護家もそのどちらかに属して争ったことが指摘されている〔家永一九九五〕。

一向一揆を扇動した大坂本願寺は、将軍足利義昭を推戴する毛利氏をはじめとする反信長勢力に属していた。将軍相当者へと成長した信長が一揆民衆を大量虐殺したのは、将軍与同勢力の一角を形成していたからにほかならない。

一五七三（天正元）年以降、一向一揆はもとより毛利氏・上杉氏・武田氏などの有力戦国大名による「信長包囲網」が、本格的に機能した。みずからの帰洛のためにそれを組織し、小林家孝をはじめとする側近を派遣して命令をあたえた人物こそ、将軍義昭にほかならなかった。

京都を離れた義昭は、現職の将軍であり続けた。一五七六（天正四）年以降は備後鞆の浦にくだり、義昭──毛利輝元政権すなわち「鞆幕府」によって、信長政権と激しく対立したのである〔藤田二〇一〇〕。京都から亡命したことと政治の

信長関係略系図（女性は最後にまとめた）

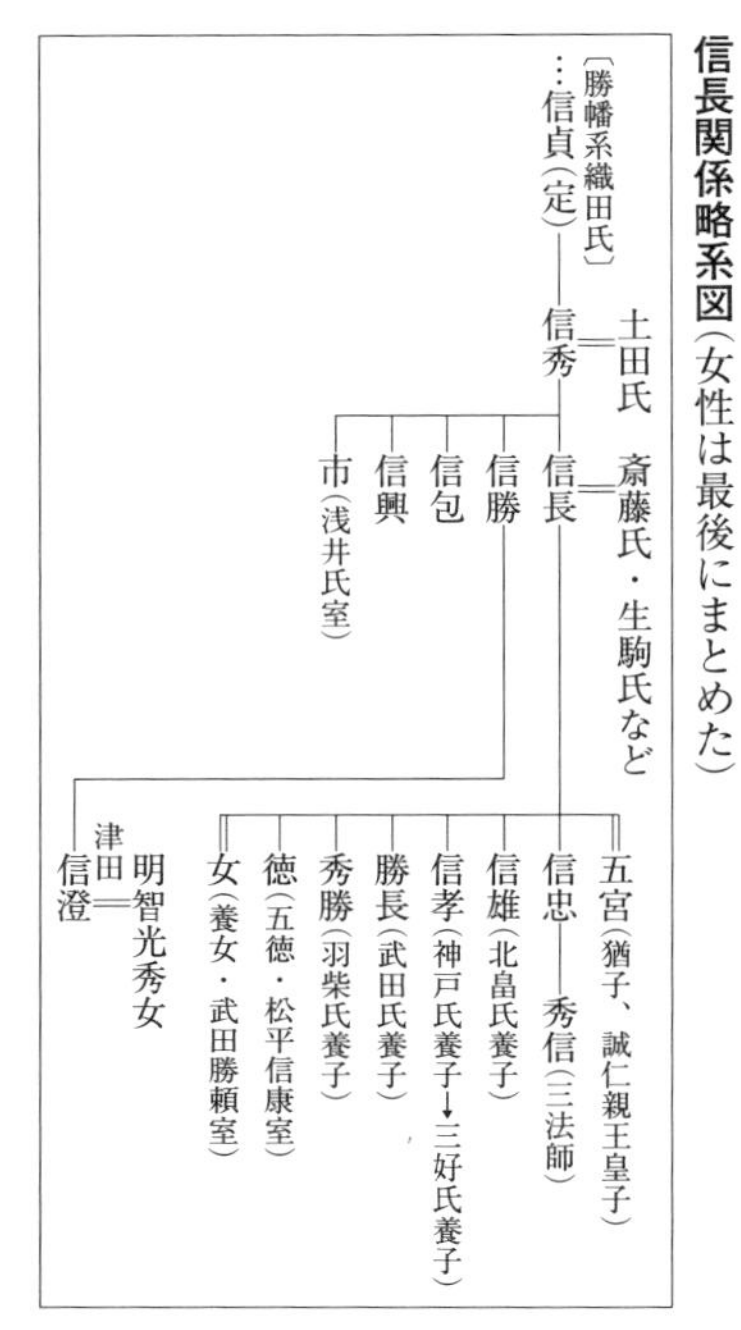

戦国時代足利将軍継承図（数字は継承順位）

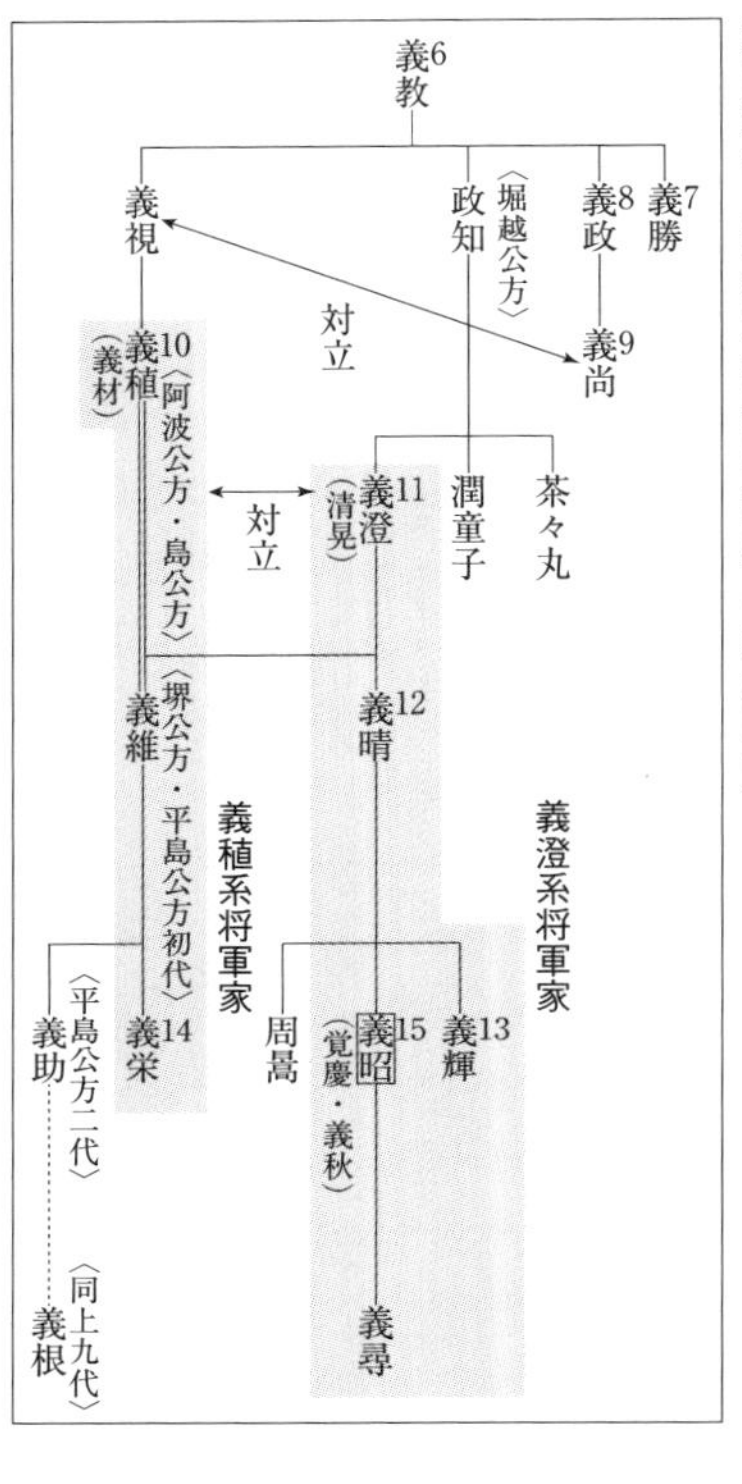

天正年間(1573～92)**のおもな戦争**（○は閏月）

期	年	月	対戦相手	戦争理由	備考
Ⅰ	1	7	宇治槇島城攻撃	「公儀逆心」	足利義昭，河内若江城に亡命
		8	朝倉氏攻撃	信長包囲網形成	朝倉義景敗死，朝倉氏滅亡
		9	浅井氏攻撃	信長包囲網形成	浅井長政敗死，浅井氏滅亡
		11	河内若江城攻撃	義昭を匿う	三好義継敗死，三好本宗家滅亡
	2	9	長島一向一揆平定	信長包囲網形成	環伊勢海３カ国から反信長勢力一掃
	3	5	長篠の戦い	信長包囲網形成	武田勝頼大敗
		8	越前一向一揆平定	信長包囲網形成	
Ⅱ	4	4	大坂本願寺攻撃	信長包囲網形成	５月３日原田直政討死
		7	木津川口の戦い	信長包囲網形成	毛利水軍に敗北
	5	3	紀伊雑賀一揆攻撃	信長包囲網形成	
		10	松永久秀の謀反	義昭推戴	本願寺・上杉謙信と連携
	6	10	荒木村重の謀反	義昭推戴	本願寺・毛利輝元と連携
		11	木津川口の戦い	信長包囲網形成	毛利水軍に勝利
	8	1	播磨三木城攻撃	信長包囲網形成	別所長治自刃
		③	大坂本願寺降伏	信長包囲網形成	勅命講和により「安土幕府」の優位確定
Ⅲ	8	11	加賀一向一揆平定	信長包囲網形成	
	9	9	伊賀惣国一揆平定	信長包囲網形成	北畠信雄が総大将
		10	因幡鳥取城攻撃	信長包囲網形成	吉川経家敗死，因幡平定
	10	3	武田氏攻撃	信長包囲網形成	武田勝頼敗死，武田氏滅亡，「東国御一統」
		6	本能寺の変	義昭推戴	明智光秀の謀反

足利義稙像

足利義晴像

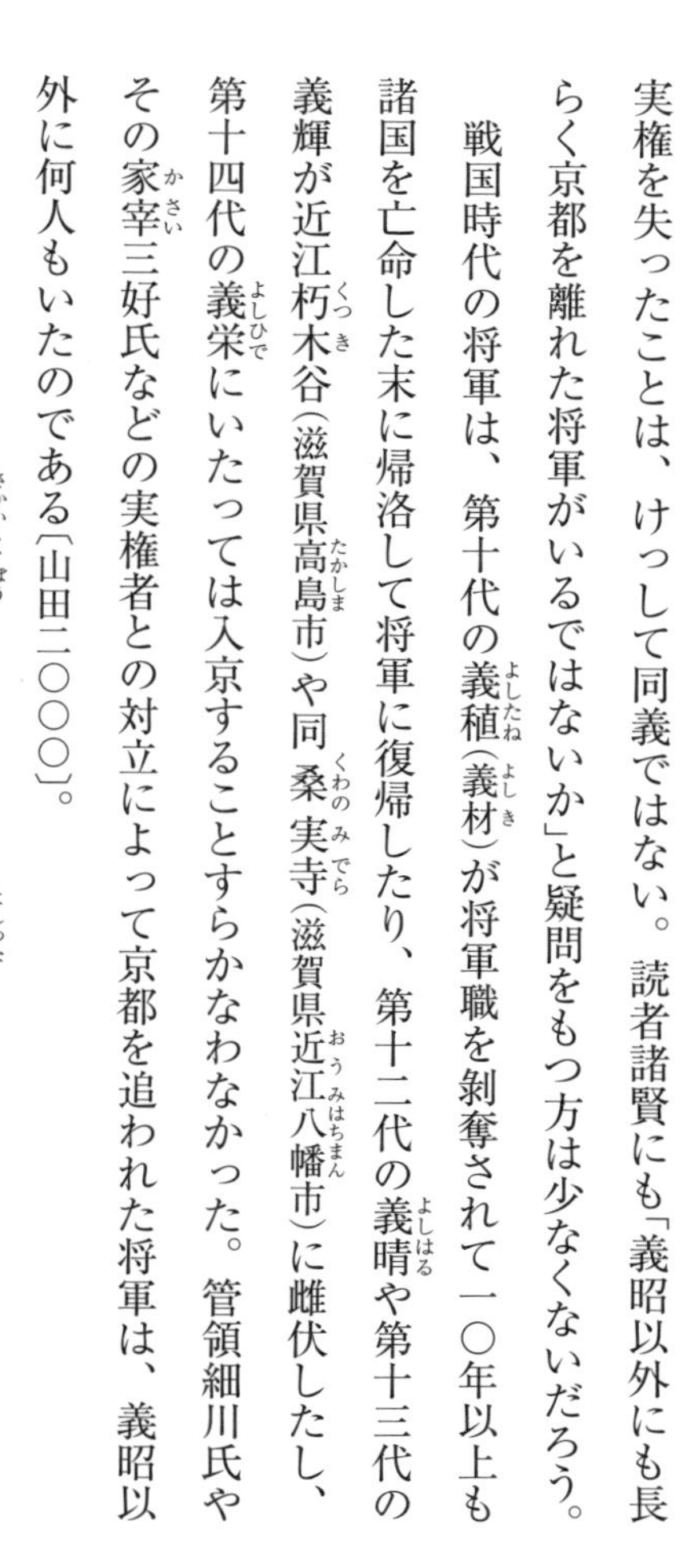

実権を失ったことは、けっして同義ではない。読者諸賢にも「義昭以外にも長らく京都を離れた将軍がいるではないか」と疑問をもつ方は少なくないだろう。

戦国時代の将軍は、第十代の義稙（義材）が将軍職を剝奪されて一〇年以上も諸国を亡命した末に帰洛して将軍に復帰したり、第十二代の義晴や第十三代の義輝が近江朽木谷（滋賀県高島市）や同桑実寺（滋賀県近江八幡市）に雌伏したし、第十四代の義栄にいたっては入京することすらかなわなかった。管領細川氏やその家宰三好氏などの実権者との対立によって京都を追われた将軍は、義昭以外に何人もいたのである〔山田二〇〇〇〕。

将軍と将軍相当者（「堺公方」と呼ばれた足利義維など）との戦い、すなわち将軍家の分裂・抗争から、将軍と三好長慶や信長といった足利氏以外の実権者との戦いへと変質し、それが全国の大名・領主の境界紛争のあり方に影響をおよぼすようになる。

一五七三年七月以降の亡命時代の義昭は、諸大名のほか京都の公家や畿内の寺社との関係も持ち続けていた。室町幕府は滅んでいなかったのである。一五七六年に、義昭は備後鞆の浦に動座する。筆者は、「副将軍」となった毛利氏に

足利義昭公帖の例

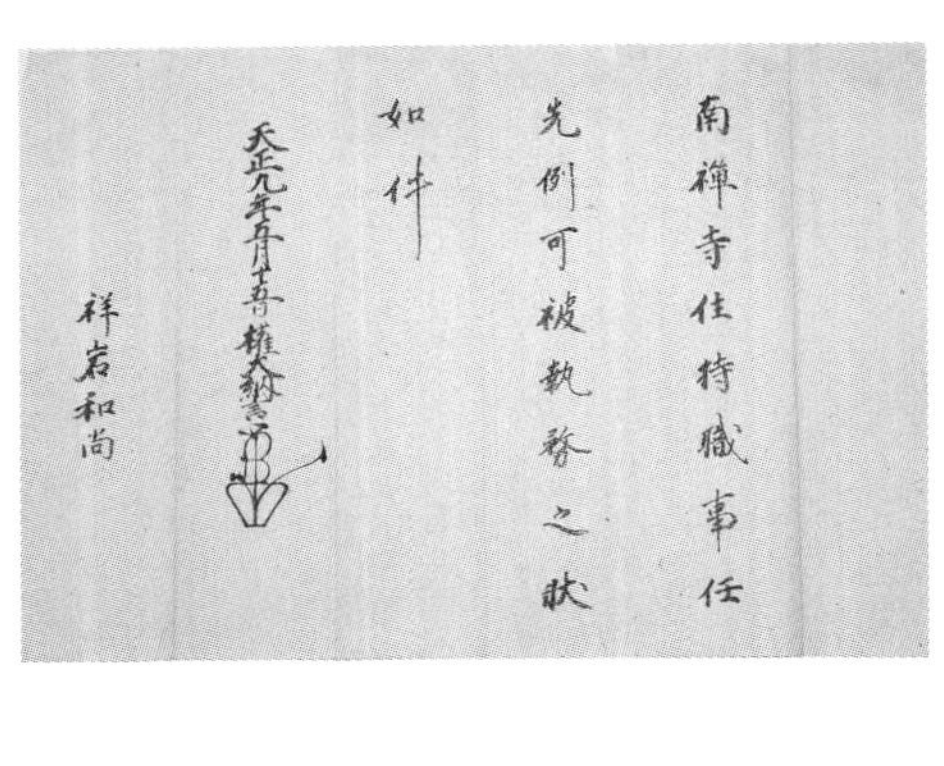
南禅寺住持職事任
先例可被執務之状
如件
天正九年五月十四日 権大納言（花押）
祥岩和尚

▼**賤ケ岳の戦い**　一五八三（天正十一）年四月、近江国伊香郡の賤ケ岳付近で発生した羽柴秀吉と柴田勝家との織田信長後継者をめぐる戦い。

▼**公帖**　公文とも。室町期、将軍が発給した五山禅院をはじめとする官寺住持の任命書。

支えられた義昭の「鞆幕府」が成立してからが、幕府滅亡へといたる一つの段階だったとみている。

この期間、義昭を奉じた丹波の波多野氏・赤井氏、播磨の別所氏・小寺氏らが、さらに信長の重臣だった摂津の荒木氏が、大坂本願寺や毛利氏と連携して信長包囲網を形成し帰洛戦を画策した。東国の武田氏や北条氏に北国の上杉氏も、これらの動きに呼応する。本能寺の変ののちも、賤ケ岳の戦い▲で柴田勝家が接近してきており、最終的には秀吉との和解によって一五八八（天正十六）年に京都に復帰する。

「鞆幕府」は亡命政権ではあったが、管見のかぎりでは一五七九（天正七）年までは京都の寺院や公家からの訴訟も受け付けていた。信長が、すべての公権を独占したのではなかったことに注目したい〔藤田二〇〇三・二〇一〇など〕。

義昭は、鞆の浦にありながらも、歴代将軍と同様に京都五山をはじめとする幕府管轄下の禅宗寺院に対して公帖▲を発給していた。ちなみに、一五七五（天正三）年から九三（文禄二）年までの一八年間のものが一四〇通余り伝存している。もちろん、任料である公帖銭は義昭の重要な収入源となった。

東アジア外交についても、歴代足利将軍と同様に義昭が外交権を握っていた可能性がある。毛利氏は大内氏の権益を引き継いで、周防赤間関（山口県下関市）などを窓口にして対明・対朝鮮貿易を行っていたが、将軍義昭を奉じることで、それを有利に進める条件を獲得した。これは、石見益田氏▲のように独自に対朝鮮外交を展開する大名級の毛利氏重臣を統制するのにも、一定の効果があったものと思われる。

また琉球貿易は、一五五九（永禄二）年以来、島津氏が独占しており、しばしば義昭に進物を献上していた。たとえば、一五七八（天正六）年の夏には島津義久から「去夏白糸五十斤」が進上されているが、これは琉球貿易を通じてえた明産の高級生糸と思われる。島津氏の対外貿易は、将軍権力を背景とするものであった。

なお義昭へは、上杉氏や島津氏のほか、伊予河野氏などの近隣諸大名やその重臣層からも、年頭挨拶などとして高価な進物が届けられていた。これらの事実は、依然として将軍権威が諸大名の上位にあったことを示している〔藤田二〇一〇〕。

▼**石見益田氏**　石見益田を本拠とする有力国人。益田藤兼の代に毛利元就に降伏し、以後は代々毛利氏重臣をつとめた。

津之郷御所跡

惣堂神社（津之郷御所跡）祭神・足利義昭像

在国将軍の懐事情

それでは、「鞆幕府」の現実についてふれたい。まずは、拠点となる御所である。義昭は、毛利氏やその重臣たちの援助を受けて鞆の浦（現鞆の浦歴史民俗資料館付近）を中心に、津之郷（現惣堂神社付近）や山田郷（現常国寺付近）など数カ所に御所を構えた。近臣の真木島昭光には、津之郷御所にほど近い芦田川に隣接した神島城（広島県福山市）をあずけて、東からの攻撃に備えて御所の防衛をまかせていた。

それぞれの御所は併存していた可能性が高いが、その周辺には近臣・大名衆（小寺政職・北畠具親・武田信景・内藤如安・六角義治など）・奉公衆・奉行衆、同朋衆、猿楽衆、侍医、御厩方などの随行者が少なくとも五〇人以上、彼らの一族や家臣団も含めると相当数の関係者が生活していたと推測され、御所跡の周囲にその遺構と思われる削平地が確認される。また義昭には、側室春日局や乳母をはじめとする女性たちも従っていた。本格的な亡命政権だったのである。

義昭は、将軍として栄典や諸免許の授与を通じて毛利氏重臣を組織していっ

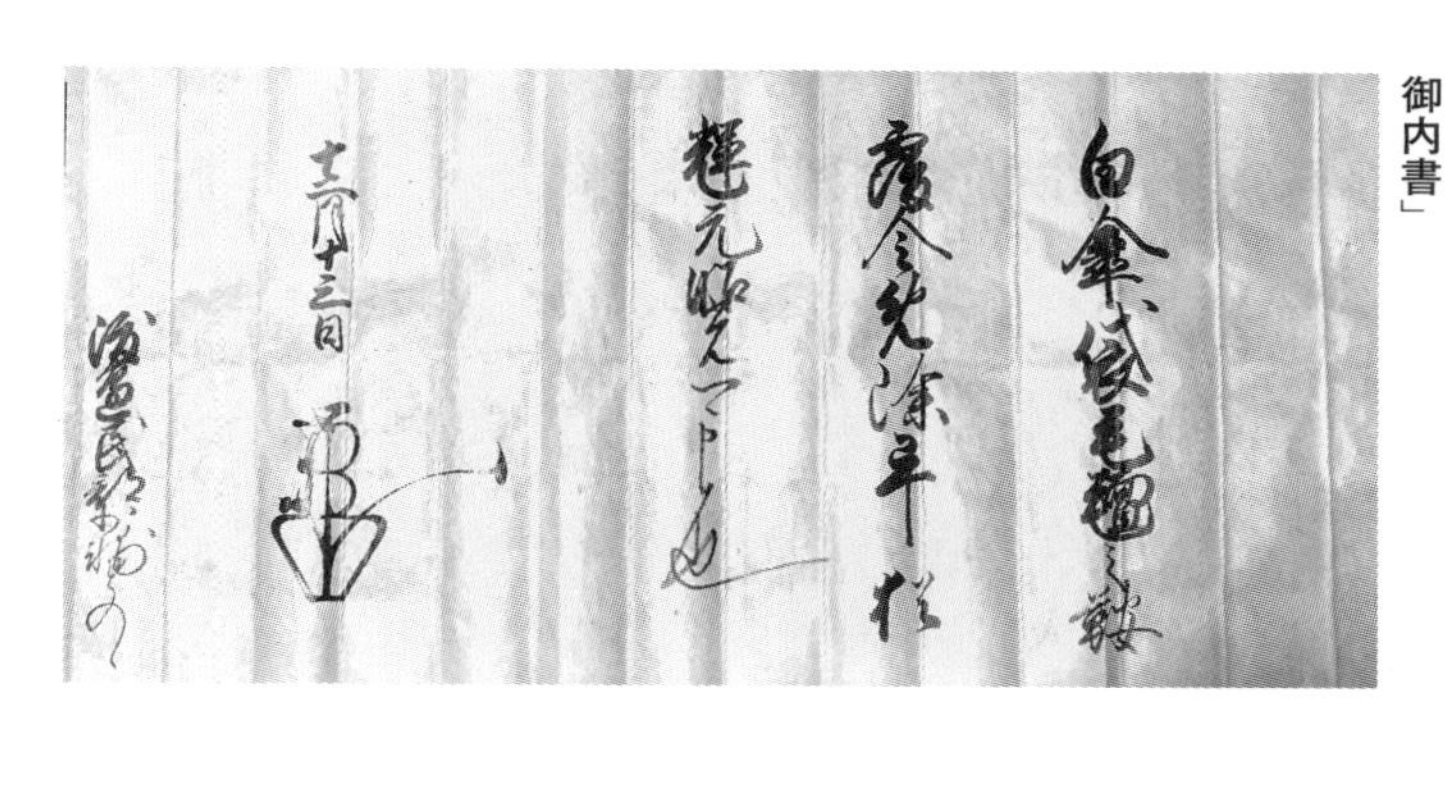
白傘袋・毛氈鞍覆免許の「十二月十三日付渡辺民部少輔宛足利義昭御内書」

た。たとえば一五七九(天正七)年二月に義昭は、毛利家重臣で石見国人益田藤兼を越中守に任官させているが、その礼として長船長光の太刀と青銅三〇〇〇疋が贈られている。これには毛利輝元が副状を作成していることから、毛利氏の重臣層の受領成りや官途成りには、義昭が関与したと考えられる。

義昭は、毛利氏重臣を上級幕臣である御供衆に加えた。地方武士にとってこれは異例で、きわめて名誉なことであった。たとえば、一五八〇(天正八)年十月に出雲国人三沢為虎は御供衆への加入を求めて認められている。三沢氏は、鞆の浦下向直後の一五七六(天正四)年十月、義昭に太刀・馬・青銅一〇〇〇貫文、側近の真木島昭光に青銅五万疋、春日局に一〇〇〇疋などの莫大な献上品を進上していた。

備後国人山内隆道の場合は、年次は確定できないが御供衆加入の祝儀として太刀・馬・青銅五〇〇貫文を献上している。また、義昭は大外様衆と呼ばれる将軍に仕える大名格の毛利氏重臣の相続にも関与した。前述の益田氏がこれに該当するが、祝儀として太刀・馬・白銀三〇〇両を贈られている。

これに関連するのが、義昭一行を援助した鞆の浦近隣の領主層に、守護クラ

毛氈鞍覆

伝足利義昭所持肩衣

スや将軍近臣のみに許された毛氈鞍覆(もうせんくらおおい)・白傘袋(しろがさぶくろ)の使用を許可していることである。破格の権限をえたのは、津之郷を毛利氏に対して寄進するように働きかけた神田(かんだ)氏や、一乗山(いちじょうさん)城主で御所となった常国寺を提供した渡辺(わたなべ)氏らであった。

これらの事例から、幕府内の身分秩序が相当に形骸化していたことを指摘することは容易である。しかし、これが莫大な献金をした毛利氏家臣団にとって、またそれを仲介した毛利氏にとって意味があったことを、どのように評価するのかが重要である。義昭は、一方的に毛利氏とその家臣団に「寄生」していたのではないのであるから。

義昭の下向以来、毛利領のなかに幕府料所が設定され、定期的な収入源となった。たとえば、御所のおかれた津之郷をはじめ、備後国沼隈(ぬまくま)郡長和荘(ながわのしょう)や周防国吉敷(よしき)郡内一〇〇石(こく)などがあり、毛利氏の領国内に散在していたと考えられる。

このころ、「鞆夫(ともふ)」と称する独自の夫役(ぶやく)を、毛利氏が周防・長門(ながと)両国の寺社領に課していたことも注目される。これは、具体的に人夫(にんぷ)役や普請(ふしん)役で、代銭納も可能であった。さらに義昭のために、一五七九年十月に周防・長門両国の寺社領への半済(はんぜい)も実施している。

これらの賦課は、「惣準拠之儀」として例外を認めない厳しいものであった。たとえば、「(天正九年)三月二十四日付国司元武書状写」には、周防国府域にあたる「国衙土居八町」に対して「鞆夫」が賦課されたことがわかる。これまで当所は、東大寺領周防国衙領のうち大内氏の押領をまぬがれたほとんど唯一の地であり、毛利氏からも「守護不入」が認められていた。

以上のとおり、義昭は栄典や諸免許の授与を通じて経済的に毛利氏に依存しており、そこでもたらされた収入は、けっして少額といえるものではなかった。ただし、一五八〇年の勅命講和以降は、経済状況が厳しくなり、直臣団を毛利氏家臣団にあずけおかねばならなかった〔長谷川一九九九〕。このように、「鞆幕府」については政治状況の変化に応じて段階的に評価せねばならない。

なお、毛利氏が、「副将軍」として家格が向上し、名実ともに大大名の仲間入りをするようになるのは一五七六年以降のことであって、いわば「鞆幕府」効果によるものである。これに関しては、「(天正七年)三月十六日付小早川隆景書状」〔毛利家文書〕で、義昭の鞆の浦への動座により毛利元就・隆元父子を知らない遠国の戦国大名から音信が来るようになり、たいへん名誉なことであると述壊していることが参考になる。内発的な発展に注目してきた毛利氏研究は、早晩、「鞆幕府」を組み込んだ議論に修正を迫られるであろう。

幕府解体過程

義昭と信長との対立は、本能寺の変まで継続する。現職将軍足利義昭と将軍相当者織田信長との戦争は、以下の三期に時期区分される。四二ページ表に示したのは、義昭の亡命以降の主要な戦争であるが、段階を分けて示している。

第Ⅰ期は、一五七三(天正元)年に義昭が信長に敗退してから七五(天正三)年に大坂本願寺が信長と講和するまで。

一五七一(元亀二)年には、大坂本願寺と三好三人衆を軸に、浅井(あざい)氏・朝倉氏そして亡命中の六角氏・斎藤氏らが信長包囲網を形成して義昭をひそかに支持していた。これに連携した武田信玄は一五七二年十一月に上洛をめざすが、その途次病没した。

信玄上洛にあわせて決起した義昭は、一五七三(天正元)年七月に宇治槇島城で信長に敗退し亡命した。しかし河内(かわち)→和泉(いずみ)→紀伊(きい)と畿内近国(きんごく)にとどまり、将

▼**佐竹義重**　一五四七〜一六一二。常陸の戦国大名でその全盛期の当主。北条氏政や蘆名盛氏らを敵にまわして窮地に追い込まれるが、これを打開するために織田信長に接近した。

常国寺裏の伝足利義昭墓（供養塔）

軍としての権限を行使していたことは軽視できない。信長も、義昭子息を奉じて幕府体制を維持する姿勢を示していた。

第Ⅱ期は、一五七六（天正四）年に「鞆幕府」が成立してから八〇（同八）年の勅命講和まで。

右近衛大将に任官し義昭にかわる公儀を標榜した信長は、安土城を「将軍の御館」（信長公記）と位置づけ天下を掌握すべく各地に転戦した。一五七六年六月には、朝廷に執奏して佐竹義重▲を従五位常陸介に任じていることも重要である。

これに対して義昭の「鞆幕府」は、亡命政権ながらも「公儀」として一定の内実を備え、西国を中心とする反信長勢力から広く推戴されていた。この段階において、信長の「安土幕府」と義昭の「鞆幕府」の実力は伯仲していた。

第Ⅲ期は、一五八〇年の勅命講和ののち、八二（天正十）年に本能寺の変が勃発するまで。

畿内とその周辺に、義昭支持勢力が姿を消す時期である。その意味で、実質的に信長が天下人として君臨する段階だった。政権としての「鞆幕府」は消滅するのであるが、義昭は派閥抗争に敗退した信長重臣を寝返らせて、信長政権瓦解とみずからの帰洛による幕府再興を実現しようと執念深く画策した。その結果、本能寺の変が勃発したのであった。

従来のように、第Ⅰ期以降を織田時代とするのはまちがいである。第Ⅱ期からは「鞆幕府」と「安土幕府」との並立期に突入し、第Ⅲ期になって信長の「安土幕府」が天下統一を実現する寸前までにいたるのだ。

反信長派の諸大名は、一五七六年以降、義昭の命令を奉じて本格的に信長との対戦を開始する。たとえば、上杉謙信(けんしん)は義昭と連携しながら、本格的に越中(えっちゅう)・能登(のと)へと侵攻し、毛利氏と東西挟撃戦を開始している。天下統一をめざす信長の脅威を認識した戦国大名たちは、義昭を奉じることで、それまでの国郡境目相論の段階を脱してゆくのである。

③―「安土幕府」の達成

「安土幕府」とは何か

信長は、一五七五(天正三)年十一月に右近衛大将となり、それにあわせて本拠地を岐阜城から安土城へと移す。ここは、日本海と太平洋、畿内と東国・北国を結ぶルートがクロスする結節点に位置した。築城を始めてまもない安土城に入城した翌一五七六(天正四)年二月に、将軍相当者信長による武家政権「安土幕府」が誕生する〔藤田二〇一〇B〕。

信長の呼称については、右近衛大将任官ののち、家臣団にとどまらず諸大名やその家臣さらには一般民衆からも、将軍相当者呼称である「公儀」「上様」が、さらには「公方」「将軍」が用いられるようになる。実権者による環伊勢海政権から、将軍相当者による「安土幕府」へと、信長政権の質がステップアップしたのだ。

信長は、近衛大将という常設では最高位の武官に就任し、将軍の正式文書である御内書様式の印判状を作成するようになり、戦国大名に官位叙任や知行

安土城出土瓦

宛行などを行う事実上の武家の棟梁となっているから、彼の政権を「安土幕府」といって差しつかえないと筆者は考えてきた〔藤田二〇一〇B〕。後述するように、信長が将軍推任を受ける可能性はあったが、それ以前に事実上の将軍すなわち将軍相当者だったことが重要である。

「安土幕府」と表現する理由は、室町幕府と江戸幕府をつなぐ架け橋になった武家政権として位置づけているからでもある。足利氏という清和源氏の一流が、武家の棟梁として君臨してきた伝統のなかで、自称平氏である織田氏が将軍相当者として武家政権を樹立した意義はきわめて大きい。

血脈と官職がなければ武家の棟梁になれないという長い伝統を、信長は打ち破ったのだ。たしかに、源平交替説を考慮して平氏を称し、正二位や右大臣などの高位高官に就任していたが、貴種の末裔などではなく、まったくの実力で高位高官に任官したことは周知の事実だった。

豊臣秀吉が、出自の定かでない人物であることは当時も天下に知れ渡っていた。徳川家康は、三河加茂郡松平郷の土豪松平氏の出身である。秀吉が関白に家康が将軍に任官できた基礎を、天下人の先達である信長が築いたのだ。

伝鞆御所瓦

「鞆幕府」の対抗軸として、また東アジア世界のなかの武家政権として、天下人信長によるあらたな武家政権を「安土幕府」と呼ぶ。

「鞆幕府」と「安土幕府」との角逐のなかで、後者が前者を圧倒して単独政権となった時期こそが、室町幕府滅亡期であり、織田時代の始期でもある。あたかもテレビのチャンネルを変えるがごとく、時代が移り変わるのではない。

それでは、信長はいつから新国家をめざしたのだろうか。近年の研究においては、信長は戦国大名にとどまり天下統一ビジョンをもちえず、秀吉からが近世権力だとする〔池上二〇一二、金子二〇一四〕。はたしてそうだろうか。

柴田勝家が主君の統一事業を意識したのは、遅くとも一五八〇(天正八)年のことであった。信濃の領主に対して「天下一統御望みの面々」が、信長への服属を望めば、自分が尽力して取り次ぐことを伝えている(〈天正八年〉閏三月二十三日付小笠原貞慶宛勝家書状「信濃史料」)。筆者は、この段階までに信長があらたな国家ビジョンをもっていたと考える。それは、京都を中心とする畿内すなわち「天下」から義昭与党が消滅した時期でもあった。

豊臣政権は本能寺の変がなかったらありえなかったから、秀吉がごく短期間で天下統一を実現したことの理由として、主君信長の政策を選択しつつ継承したとみるのが自然であろう。それが、仕置と呼ばれる城割や検地であり、大名の国替や兵農分離政策などであった。秀吉は、これらの主君の統一策を一気に全国規模で拡大したのだ。

仕置の開始

信長が、天下人を中心とする新国家秩序を樹立しようとした画期は、一五八〇(天正八)年八月二日の教如の大坂本願寺からの退去であった。ここに、集権化のための本格的な施策が打ち出された。まさしくその日、在京していた筒井順慶は、信長から大和・摂津・河内における一国全域規模の城割を命ぜられ、三日に帰還して国中諸城の城割を命じた。信長は、この八月二日を期していっせいに家臣団に三カ国の城割を指示し、現地に向かわせたにちがいない。

畿内の反信長勢力の中心にあった大坂本願寺の敗退を受けて、すぐさまその勢力圏だった畿内諸国で城割が強制されたことは、きわめて重要である。一国単位の城割が、あらたな国づくり施策の第一弾で、引き続き行われた大名・領

▼**検地**　多様な形態があり指出も含んでの総称。指出とは、戦国時代から江戸時代初頭にかけて行われた検地の一方法。天下人や大名が直接立入り調査することなく、家臣・寺社・村に対して土地の等級・面積・作人・分米などを書いて指し出させた。

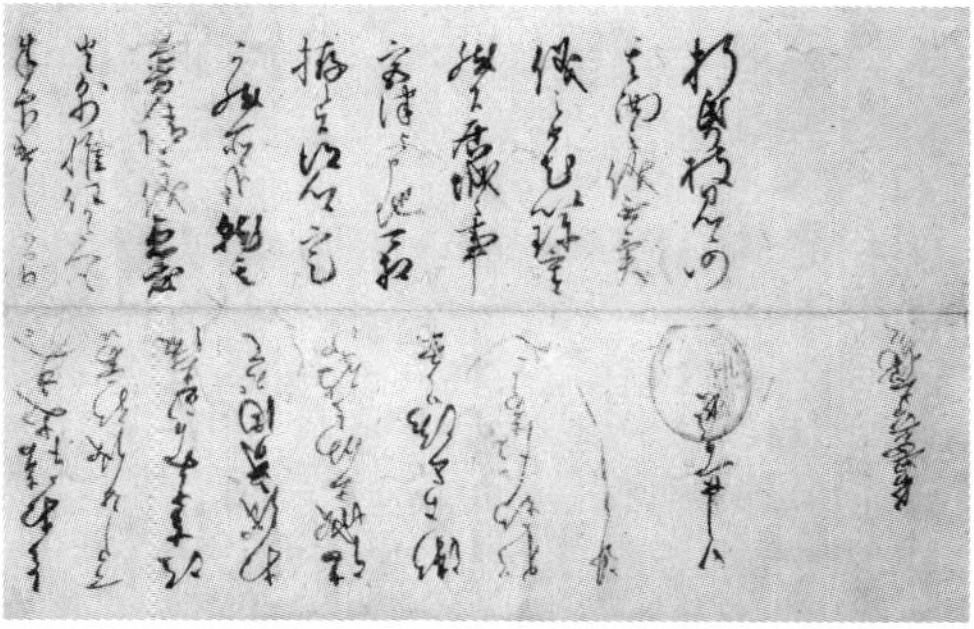

「(天正八年)八月二十一日付長岡藤孝宛織田信長黒印状」(細川家文書)

主・寺社の所領把握のための石高に基づく検地▲がその第二弾となった。

順慶は、八月十六日より郡山城一城のみを残して居城筒井城をはじめとする大和における城郭の破却に取りかかった。これには一国の人夫が動員され、監督のために信長から上使も派遣された。この城割は、対象城郭も破壊規模もかなり徹底したものだったとする、筒井城を対象とした大和郡山市教育委員会による発掘成果報告がある。

城割や検地(指出)は、一五八〇年から翌八一(天正九)年にかけて畿内近国すなわち信長領国の大部分で断行された(次ページ表参照)。「(天正八年)八月二十一日付長岡藤孝宛信長黒印状」(細川家文書、上図)によると、信長がみずから同月十五日に大坂にくだり、「幾(畿)内ニこれ有る諸城大略破却せしめ候」と畿内の城割を執行したと語っている。また同時に、藤孝の新城になる丹後宮津の築城を許可したこともわかる。この段階になると、築城にも信長の許可が必要となったのである。

和泉では、一五八一年七月に支配拠点が岸和田城となり、織田信張と蜂屋頼隆が城代として入城した。同年三月から堀秀政を上使として一国規模の指出検

天正8・9年の仕置執行

国名	城割	検地	配置大名	備　　考
越中	○	?	佐々成政	天正9年，菅谷長頼を「御奉行」として一国城割を命じる。
能登	○	○	前田利家	天正9年，菅谷長頼を「御奉行」として一国城割を命じる。天正10年，利家検地を開始する。
加賀	?	○	柴田勝家・佐久間盛政	天正9年7月北加賀検地を勝家，同年9年南加賀検地を盛政が担当。
越前	?	○	柴田勝家	天正5年に惣国検地実施。なお朝倉氏段階で城割執行。
若狭	?	○	丹羽長秀	天正9年から検地が開始される。
近江	?	○	明智光秀ら	天正8年蘆浦観音寺(蔵入地)や天正9年安治村(蔵入地)で確認される。
伊勢	?	?	織田信雄ら	滝川一益による検地に関する伝承あり。
伊賀	○	?	北畠信雄	信長，天正9年9月の伊賀攻めにおいて一国城割を命じる。戦後，信雄が4郡のうち3郡を，織田信包が1郡をえる。
大和	○	○	筒井順慶	天正8年8月，信長が一国城割令。同年10月，検地終了。上使明智光秀・滝川一益，今井寺内町の「土居構」をくずす。
山城	?	○	明智光秀ら	天正8年，仁和寺で確認される(滝川一益・明智光秀に提出)。光秀，上山城衆を支配する。
摂津	○	○	池田恒興	天正8年8月，信長が一国城割令，検地に高山重友関与。
河内	○	?	三好康長	天正8年8月，信長が一国城割令。天正3年にも塙直政が一国城割執行。三好康長が高屋城を拠点とする。
和泉	○	○	織田信張 蜂屋頼隆	信長，検地にともなう国人の知行替実施，上使堀秀政。岸和田城に織田信張と蜂屋頼隆が城代として配置。
丹波	○	○	明智光秀	天正8年に城割令。光秀，天正9年に城割に従わなかった国人と一族を処分。軍法を制定。
丹後	○	○	細川藤孝	天正8年8月，信長が細川藤孝の居城を丹後宮津城に指定。
播磨	○	○	羽柴秀吉	天正8年4月，秀吉が一国城割。信長が羽柴秀吉の居城を播磨姫路城に指定。天正8年検地帳伝存。
但馬	?	○	羽柴秀長	天正8年検地帳伝存。

地が開始されており、岸和田城周辺をはじめとする各所で国人の知行替が行われている。これにあわせて石高が導入されていることも注目される。近世的軍制の導入がはかられたのである。指出に反対した松尾寺▲や槇尾寺▲は破却され、国人領は没収された。

なお、和泉においては一五七五(天正三)年における寺内町の破却と、七七(同五)年の信長による紀伊雑賀攻撃にともなう諸城の陥落によって、城割は事実上完了し、岸和田・佐野の二城体制となっていた。すでに一五七五年の信長と大坂本願寺との講和の直後にも、河内や和泉で城割や寺内町の破却があったことは、八〇年の勅命講和にともなう畿内近国における城割の前提として重要である。

丹波でも一五八〇年に城割令が発令された。明智光秀は、天田郡の国人和久左衛門大夫に山田城の破却を命じたが従わなかったため、八一年六月に本人を処罰し、逃亡した一類・被官人を徹底的に探索している〔御霊神社文書〕。

播磨では、別所氏が滅亡した直後の一五八〇年四月に秀吉によって破城令が出されたが〔伊予小松一柳文書〕、信長の意図に基づき味方の城郭も対象とし一

▼**松尾寺**　大阪府和泉市にある天台宗寺院。山号は阿弥陀山。

▼**槇尾寺**　大阪府和泉市にある天台宗寺院。山号は槇尾山。

国規模のものであった可能性の高いこと、存置された城郭もいったんは収公して新城主にあずけたことが指摘されている〔小林二〇〇六〕。加えて、同年に太閤検地の原則が同国に導入されたとする見解がある〔安良城一九六九〕。

伊賀でも、一五八一年九月の平定戦にともない、信長は大将格の堀秀政に「国中諸城破却」〔萬葉荘文庫所蔵文書〕を命じている。これら諸国の事例からは、城割と検地は一五八〇年を画期として畿内近国規模でいっせいに命じられたことになる。

預治思想

仕置は、近世知行制度と密接に関係していた。大和の場合は、一五八〇(天正八)年十一月七日に筒井氏が郡山城に入城して一国を領知するようにとの朱印状を信長からえる。城割と検地によって、大和一国は明確に織田領になったのであり、筒井氏は信長から正式に国主大名として領地・領民・城郭をあずけられたのである。このようにして、石高を基盤とする近世知行制度が導入されたのだった〔松尾一九八七〕。

前述したように、一五八〇年における大坂本願寺との講和を画期として、信長は畿内近国規模でいっせいに城割・検地を強制して、家臣団に本領を安堵したり新恩を給与したりする伝統的な主従制のあり方を否定しようとした。

信長は、いったんは仕置を通じて各国を収公し、その後に国主大名以下の大名・領主を朱印状で命じ、領地・領民・城郭をあずけて支配させるという預治思想〔深谷二〇〇九〕に基づく新国家の確立をめざした。すなわち、麾下の大名を命令一つで自由に転封する鉢植大名にしようとしたのだ。

ここに、豊臣政権そして幕藩体制へと継承される新国家の輪郭があらわれたのである。集権化を支える思想によって、在地領主制が克服され、天下人を頂点とする支配共同体が急速に構築されてゆく。江戸時代、大藩が周囲の小藩を侵略しないのは、各藩主に統治権をあずかっているという常識が浸透していたからにほかならない。

筆者が主張しているのは、預治思想に基づく仕置の原理面での画期性である。仕置が執行されたといっても、兵農分離が一挙に実現したとは当然みていない。城割や検地は、秀吉の天下統一戦によって全国的に執行され、江戸時代まで何度も繰り返し徹底されたからである。兵農分離策については、大規模戦争が続いた秀吉のもとでは厳格で、江戸時代の天下泰平のもとでは郷士制▲が採用されている藩も多く、相当に緩和されていた。

戦国大名と織豊大名との違いは明瞭である。羽柴分国について、尾下成敏氏は信長最晩年に織田政権に対する自律性はしだいに弱まりつつあったと指摘する〔尾下二〇一五〕。家臣団分国の自律性は、仕置や国替をへて弱体化する方向にあったのだ。

これについて、豊臣期ではあるが毛利氏分国を分析した光成準治氏は、惣国検地によって在地の実態を掌握し石高を確定したことで、給人の給地総入替えすなわち転封が可能になったことを指摘する。これが従来の在地領主制を否定し、毛利輝元を頂点とする一元的支配構造を可能にしたと論じる。すなわち、中世的な在地領主から、地域統治権を委任された行政官的存在へと変質されることに注目する。

毛利氏領国では、重要都市を直轄化する体制を志向しており、出頭人や行政官僚を直轄都市の城番や代官に任命し、商工業者を直接統制しようとした。毛

▼**郷士制**　江戸時代において武士の身分にありながら村落に居住して農業に従事した者や、武士の待遇を受けていた農民をさす。平時は農業に従事し、戦時には軍役を負担した。

利氏においては、朝鮮出兵前後に中央行政機構が整備され、官僚層に支えられた絶対主義的支配が実現したと指摘する〔光成二〇一七〕。

織田・豊臣政権の統治政策である仕置の統一戦争を通じての全国的な広がりが、このような織豊大名権力を誕生させた。仕置を通じての下からの集権化が、未曽有の軍事政権を創出したのだ。

派閥形成

本能寺の変の前提となった信長による四国政策変更の本質的な原因は、重臣間で発生した対立にあった。具体的には、西国平定戦における司令官人事をめぐる、光秀と秀吉との抗争だった。

幕府衆に出自をもつ光秀は、京都とその周辺の支配に絶大な力を発揮した。一五八〇(天正八)年時点で、近江滋賀郡から上山城さらには丹波におよぶ大領地をもち、丹後の細川藤孝や大和の筒井順慶などを与力大名とし、摂津衆も組下におき、さらには四国土佐の長宗我部氏を取り次ぐという抜群の地位を確立したのだった。かつて、高柳光寿氏が「近畿管領」と表現したのも故なしとしないだろう〔高柳一九五八〕。

これに対して、秀吉派閥は特異な人間集団だった。そもそも、秀吉の出自すらあいまいである。一般的には、尾張中村の百姓の子と紹介されているが、百姓ではなく差別を受け遍歴を繰り返す非農業民に出自をもつこと、若き日には木曽川筋や港湾都市津島で商人的な才覚を磨いていた可能性が指摘されて久しい〔小島一九七九〕。

たとえば石井進氏は、秀吉の親類縁者には遍歴を繰り返す連雀商人▲や最下層の職人が多かったこと、青年時代にはみずからも針の行商をしながら今川氏への奉公をめざしたことに着目し、網野善彦氏による京都において針商売を営んだ人びとが被差別民と関係するという指摘に示唆を受け、秀吉の出自を賤民的な非農業民に求めた〔石井二〇〇二〕。この見解は、秀吉が非人身分に属したと主張する服部英雄氏によって継承されている〔服部二〇一二〕。

仕官以前の秀吉は、「川並衆」と呼ばれた木曽川筋で活躍した蜂須賀正勝▲らの商人的な土豪層と親密だったといわれている。秀吉の最初の家老は正勝であり、その流通に関係する非農業民の広範なネットワークを駆使して情報収集してい

▼**連雀商人**　中世において隔地間商業を行う行商人集団をさす。

▼**蜂須賀正勝**　一五二六〜八六。尾張国海東郡蜂須賀郷を本拠とする国人。斎藤道三に仕え、死後は何人かの主君をへたのちに織田信長に属する。やがて羽柴秀吉の与力となり、秀吉の姫路時代には播磨龍野城をあずけられた。

光秀推定人脈図

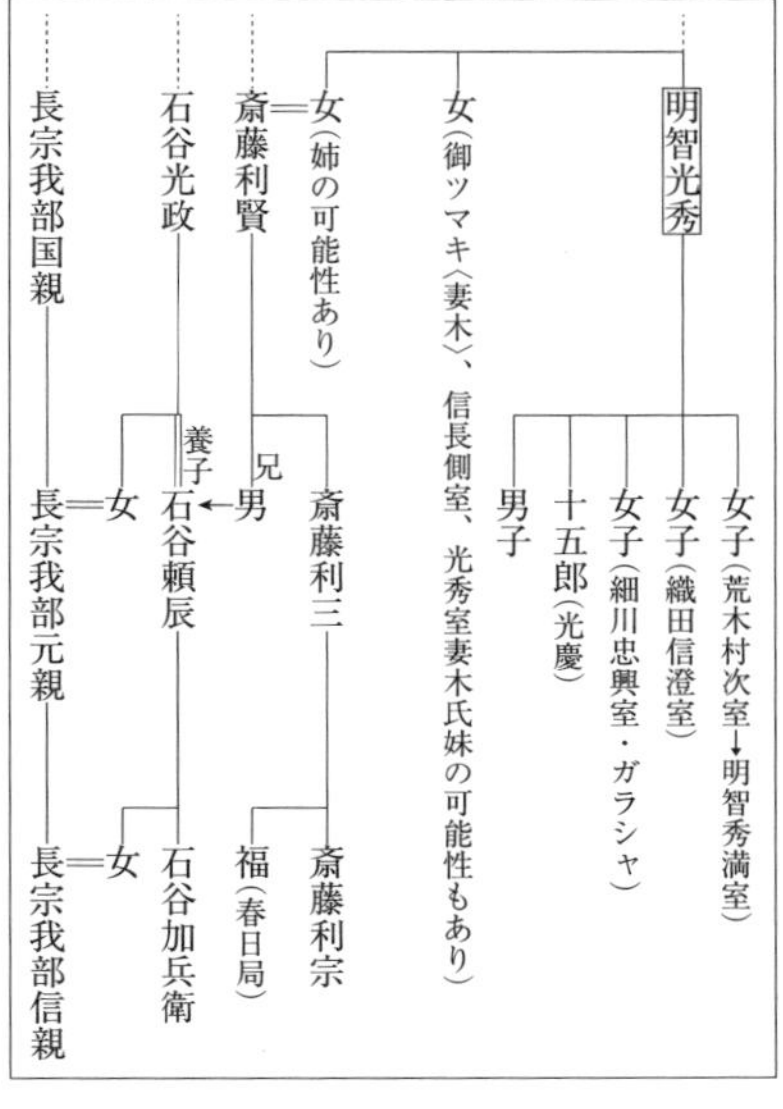

秀吉関係略系図（本能寺の変直前）

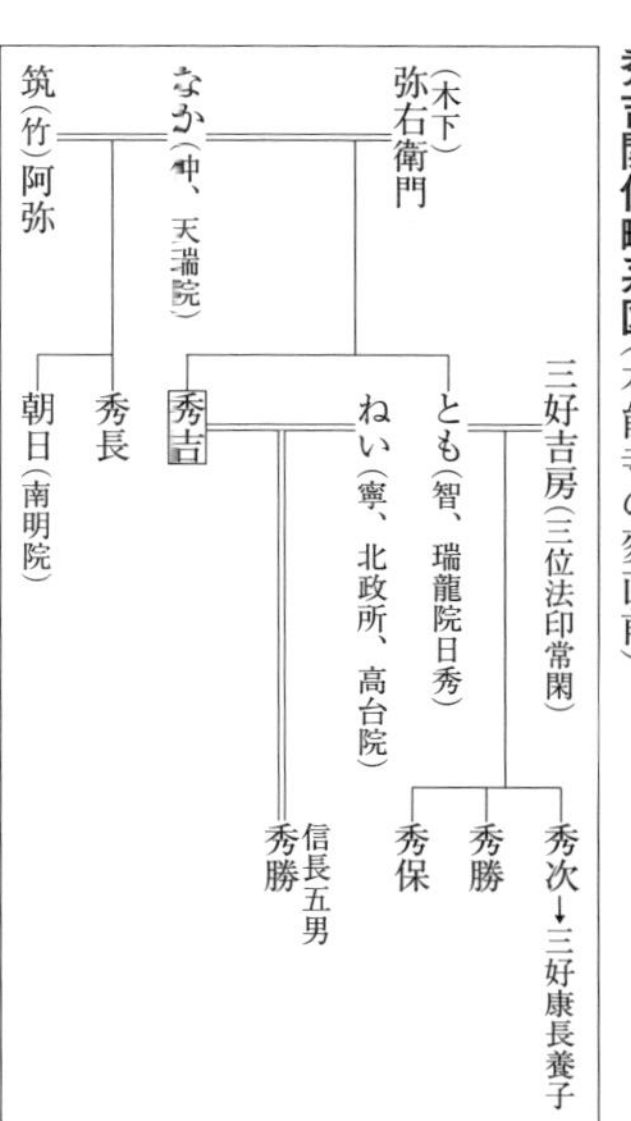

1581年秀吉主要家臣団（含与力）

種類	名　　　前
一門衆	羽柴秀長（実弟），羽柴秀勝，三好吉房（姉婿），浅野長吉（妻一族），杉原定利（同），杉原家次（同），木下家定（同）
尾張衆	加藤清正（母従姉妹），福島正則（母一族），山内一豊，蜂須賀正勝（川並衆リーダー格・家老），青木一矩（秀吉一族），平野長泰，加藤嘉明，堀尾義晴，宮田光次（馬廻），小出秀政（秀吉一族）
美濃衆	竹中重治（斎藤氏旧臣），坪内利定（美濃松倉城主），稲葉貞祐，加藤光泰，小野木重次，生駒親正，石川光政，日根野弘就（斎藤氏旧臣），谷衛好，仙石秀久，一柳直末，伊藤秀盛，尾藤知宣
近江衆	木村隼人正，片桐且元（浅井氏旧臣），寺沢広政，石田三成，中村一氏，増田長盛，宮部継潤（浅井氏旧臣），速見守久，脇坂安治，長浜衆（伊藤牛介・谷兵介・石川小四郎・藤懸三蔵・田中小十郎など）
他国衆	中川清秀（摂津茨木城主，義兄弟），小西行長（堺衆），宇喜多秀家（備前岡山城主），黒田孝高（播磨姫路城主，義兄弟），三好康長（甥秀次の養子先）

1581年光秀主要家臣団（含与力）

種類	名　　　前
美濃衆	明智秀満（丹波福知山城代），明智光忠（丹波八上城代），藤田行政，斎藤利三（丹波黒井城代），三沢秀次
近江衆	猪飼野（明智）秀貞，猪飼野昇貞，磯谷久次，山岡景佐，馬場孫次郎，居初又次郎，和田秀純，林員清
丹波衆	荒木氏綱，小畠（明智）永明，須知（明智）九太夫，酒井孫右衛門，四王天政孝，尾石与三，並河掃部助，中沢豊後守，片岡藤五郎，大芋甚兵衛尉，野々口西蔵坊，野々口彦助，波々伯部蔵介，足立又三郎，荻野彦兵衛，川勝継氏，本城惣右衛門
幕府衆	伊勢貞興，御牧景重，諏訪盛直，津田重久
他国衆	筒井順慶（大和郡山城主，与力大名），細川藤孝（丹後宮津城主，与力大名），一色義定（丹後弓木城主，与力大名）

たとするならば、急速な台頭の背景もより理解しやすくなる。秀吉の出世の秘密は、その卓越した情報収集能力にあった。「中国大返し」をはじめとする数々の「秀吉神話」も、それなしには成立しえなかった〔藤田二〇〇三〕。

秀吉の派閥は、斎藤氏や浅井氏の旧臣や他国衆を除けば、得体の知れない実力者たちで構成されていた。換言すれば、非農業民・商人的な秀吉とその一門を中心とし、蜂須賀正勝や黒田孝高▲らからなる実力者集団であった。当代を代表する文化サロンと美濃源氏という名門武士を中核とする光秀の派閥と比較すれば、対照的である。

融和派と強硬派

光秀と秀吉の派閥の対照性は、彼らの外交方針にも如実にあらわれた。これについては、一五八〇(天正八)年閏三月の勅命講和直後から中国方面軍の司令官だった秀吉の頭越しに、信長が毛利氏との停戦交渉を試みたことが注目される。

「(天正八年)五月十二日付安芸厳島社人棚守房顕宛安国寺恵瓊▲書状」〔巻子本

▼**黒田孝高**　一五四六〜一六〇四。通称は官兵衛。法名は如水。はじめ播磨御着城主小寺則職・政職父子に仕えた。一五七七(天正五)年、羽柴秀吉が播磨に進出してくると姫路城を献上し、その側近として活躍した。

▼**安国寺恵瓊**　一五三九?〜一六〇〇。安芸安国寺(不動院)に入って出家したのち、京都の東福寺に入り、竺雲恵心の弟子となる。恵心は毛利隆元と親交があったため、これが縁となって毛利氏の外交僧となった。

▼**丹羽長秀**　一五三五〜八五。尾張国春日井郡児玉出身の国人。織田信長の信任が厚く、近江佐和山城主となり、一五七三(天正元)年九月に信長より若狭一国をあずかる。一五七六(天正四)年から始まる安土築城の奉行をつとめる。

厳島文書、扉写真参照)によると、信長の意を受けた丹羽長秀▲・武井夕庵から毛利氏に対して「繰り(政治工作)の趣三とおり(通)」が示され、毛利氏側でも毛利輝元・小早川隆景の了解のもとに安国寺恵瓊が和平交渉に乗りだしたことがわかる。

三とおりの政治工作とは、輝元と隆景が宇喜多直家▲との戦争に専念すること(第一条)、吉川元春の子息と信長息女と婚姻すること(第二条)、その見返りであろうか、足利義昭を「西国の公方」として承認することだった(第三条)。

これらを実現させるために、毛利氏重臣口羽通良にも近衛前久▲・勧修寺晴豊▲・庭田重保・松井友閑・村井貞勝から接触があったこと(第四条)、明智光秀から遣わされた使者が「何も宇喜多表裏者(裏切者)にて候間、せめて此方(毛利方)を和談に調われたき」との信長からの意向を披露したことがわかる(第五条)。

前年の一五七九(天正七)年九月に秀吉は、宇喜多直家の織田方への寝返りを認めるように安土城に伺候したが、信長は勝手な判断に激怒し播磨に追い返している。信長の直家に対する評価は、相変わらず「表裏者」で半年後も変化はな

▼**宇喜多直家**　一五二九〜八二。備前の戦国大名。岡山城主。天神山城主浦上宗景に仕えたが敵対して毛利氏に属した。羽柴秀吉が播磨姫路に進出すると好を通じて毛利氏から独立しようとする。

▼**近衛前久**　一五三六〜一六一二。近衛稙家の子息として誕生。一五五四(天文二十三)年に関白左大臣に任官。織田信長と対立し丹波黒井城(兵庫県丹波市)の赤井氏のもとに逃亡したが、一五七五(天正三)年以降は信長のもとで天下統一に協力した。

▼**勧修寺晴豊**　一五四四〜一六〇三。勧修寺晴秀(晴右)の子息。武家伝奏をつとめ、織田信長と親しく接した。本能寺の変にいたる過程で、勅使などとして信長や京都所司代村井貞勝と交渉している。

安国寺恵瓊像

織田信忠像

かったのだ。

一般的には、同年十月三十日に宇喜多氏重臣の宇喜多基家が直家の名代で、荒木村重の反乱を鎮圧するために摂津小屋野（兵庫県伊丹市）に陣を張っていた信忠（信長の長男）のもとに出向いた時点で、信長から許されたとみられてきたが〔信長公記〕、どうも、本心では信用していなかったことがわかる。

信長は、毛利氏と宇喜多氏との紛争に介入して、前者の立場を認めて中国地域を平定しようとしたのである。当時の信長は対毛利戦争の継続に積極的ではなく、対毛利戦主戦派の秀吉と宇喜多直家を交渉から除外する形で和平に持ち込もうとしていた。したがって信長と秀吉は必ずしも一枚岩ではなく、織田政権の西国政策を体現するとみられてきた秀吉の地位が意外に脆弱だったことがわかる〔山本二〇一〇〕。

ここで注目したいのが、この和平工作の裏面で光秀が動いていたことである。信長の言葉を伝えたのが光秀であり、とくに義昭を赦免する方針が明示されたことは重要だ。中国地域は、毛利氏を中心に統一する方針が示されたのだが、それはかつて幕臣だった光秀の立場を尊重するものでもあった。信長は、この時点で「鞆幕府」と和解し、西国平定を早期に実現するつもりだったのである。

光秀の外交は、三好氏に対する長宗我部氏、宇喜多氏に対する毛利氏というように、一貫して遠交近攻策を採用していた。長宗我部氏とは融和策で臨んだが、毛利氏に対しても同様だった。隣接する戦国大名に対して取次などをつとめて自身の派閥を拡大するのが、光秀外交の神髄だったのだ。対する秀吉は、近くの勢力を利用して遠くを攻めるという「近交遠攻策」とでもいうべき対照的かつ好戦的な外交方針だったといえよう。

付言するならば、これはのちの秀吉の天下統一戦においても同様だった。臣従した大友氏に対立していた島津氏を攻め、同じく臣従した真田氏を侵略した北条氏を滅ぼし、さらには臣従していた蘆名氏を破った伊達氏を大幅減封するというように、麾下大名を救援するべく、境界紛争に介入して遠方の敵対大名を挑発し大軍勢を派遣すること、すなわち戦争ありきで一貫していた。いうまでもないが、当時、彼が好んで宣伝したスローガン「惣無事（平和）」は、けっして政権の本質などではなかったのである〔藤田二〇一四〕。

④—派閥抗争・自壊

停戦令の強制

信長は、一五八一(天正九)年六月十二日に長宗我部元親と三好康長との領土紛争に介入して和解するよう命じた〔香宗我部家伝証文〕。その副状を康長が認めたのは、阿波の北郡あるいは北方と呼ばれる、吉野川流域に広がる(上流から)三好・美馬・麻植・阿波・名西・名東・板野の七郡内の所領を維持・回復しようとしたからであった。

これに関係するのが、天正九年七月二十三日付で元親が伊予新居郡金子城(愛媛県新居浜市)の金子元宅▲と起請文▲を交わして「境目の機遣(気遣い)いに及び候はゞ、加勢の段疎略あるべからず候」〔金子家文書〕と、軍事同盟を締結したことである。

元宅は、伊予高峠城(愛媛県西条市)を拠点に新居・宇摩両郡に勢力を扶植し、戦国大名化しつつあった石川通清の姉婿として、そして長宗我部氏との連携を背景に、新居郡から西接する周敷郡への進出を試みていた。

▼**金子元宅**　?〜一五八五。伊予新居郡の国人。分郡守護的な地位にあった伊予高峠城主石川氏の女婿。一五八一(天正九)年に長宗我部元親と軍事同盟を結び、郡内の盟主として毛利—長宗我部同盟の実現に向けて尽力した。

▼**起請文**　取決めの遵守を神に誓う誓約書。熊野三山の牛王宝印などをひるがえして用いられた。

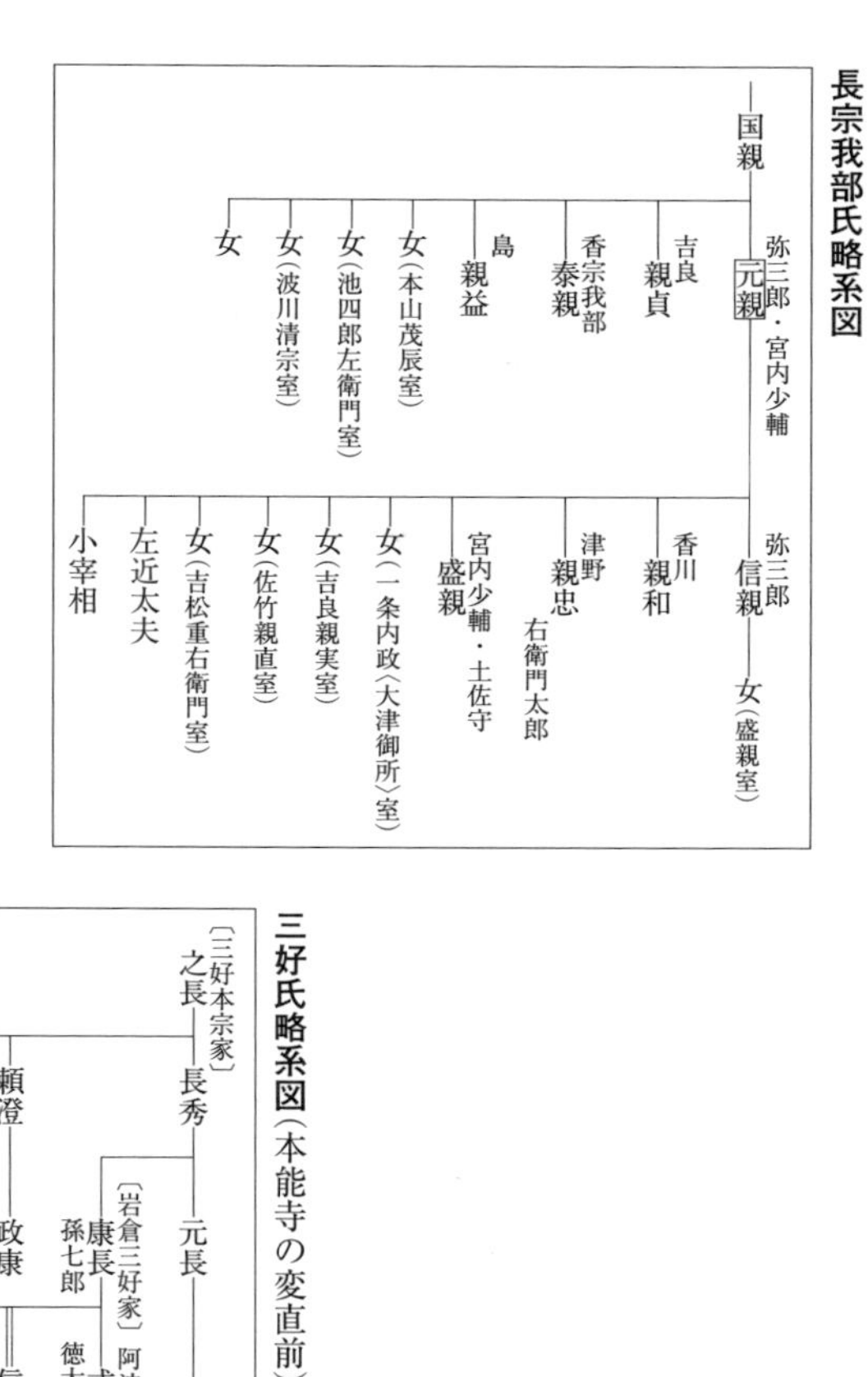

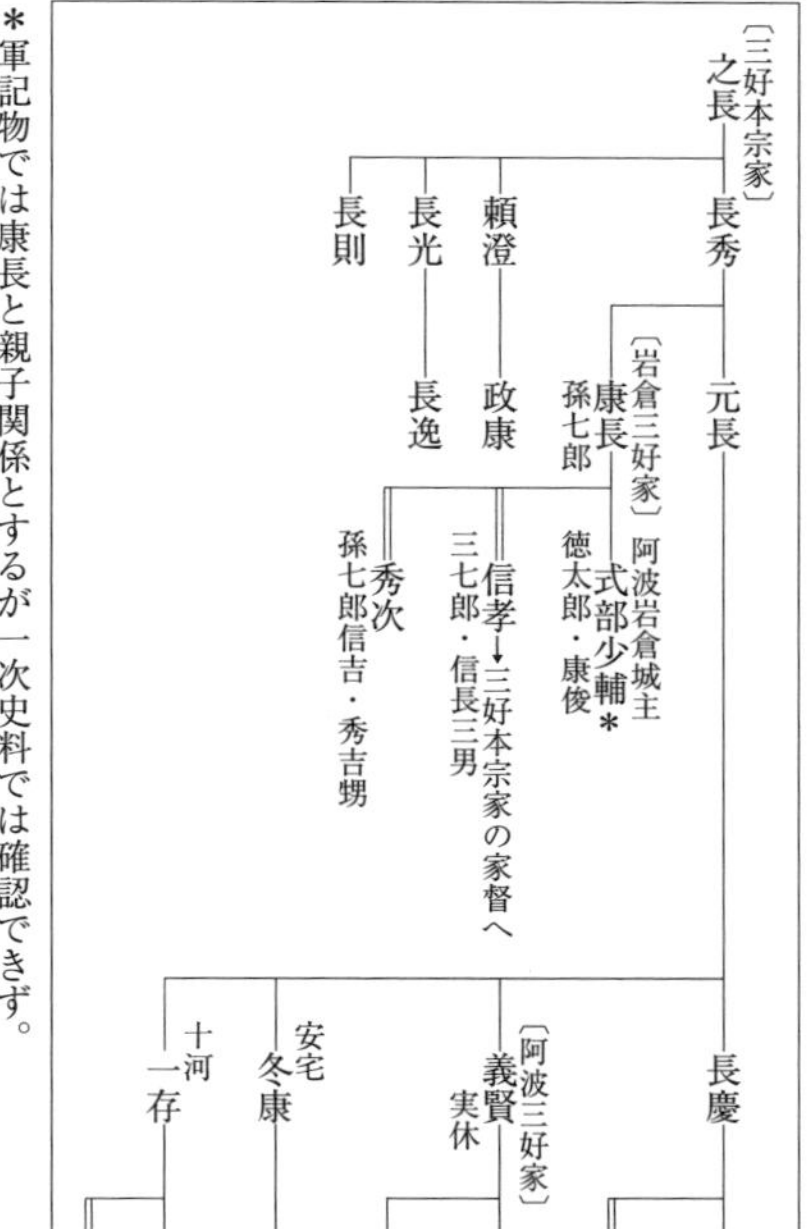

＊軍記物では康長と親子関係とするが一次史料では確認できず。

この軍事同盟は、これまでは信長との断交に対応するもので、東方の三好方との決戦を意識したものとみられてきたが、断交するのはもう少しあとのことで、西方の河野(こうの)氏との境界紛争を想定したものと考えられる。不本意ではあったが、停戦命令を受け入れ三好康長と和睦(わぼく)するかわりに、元親は信長から河野氏と同氏に援軍を送る毛利(もうり)氏を攻撃することをまかされたとみるべきである。その先兵として、元宅は元親から起用されたのだ。

停戦令の背景には、信長と毛利氏との断交があった。先述した一五八〇(天正八)年五月における両者間の停戦交渉は、同年六月に秀吉(ひでよし)が伯耆(ほうき)鳥取城攻撃を仕かけることで暗礁に乗り上げた。降伏した城主山名豊国(やまなとよくに)は、まもなく家臣(かしん)団(だん)によって追放され、毛利氏が吉川経家(きっかわつねいえ)を送り込んだため、翌年六月に第二次鳥取城攻撃が勃発したのである。伯耆の領有問題が、信長と毛利氏の和平を阻み、四国では長宗我部氏の伊予攻撃が本格化するのだ。これによって、秀吉は政治的な危機を脱した。

「(天正十一年)二月二十日付石谷光政・頼辰父子宛近衛前久書状」(石−1)

佞人の讒訴

「(天正十一年)二月二十日付石谷光政・頼辰父子宛近衛前久書状」(石―1、上図参照)は、本能寺の変に関連する重要史料である。近衛前久は、一五五四(天文二十三)年に関白に任官し、藤原氏の氏長者にもなった有力公家である。信長の信任も篤く、九州における諸大名の停戦や一五八〇(天正八)年の勅命講和などの実現を支えた。

書状中、前久は「去々年冬」すなわち一五八一(天正九)年の冬(十月から十二月のあいだ)に、安土で信長に元親のことをさまざまに悪しざまに訴える者がいて両者は断交寸前になったが、元親のために取りなしたことを明かしている。すなわち、信長の対長宗我部方針が否定的な方向に変更されたのは、一五八一年六月の停戦令ではなく同年の冬だったのだ。前久が敵対し「佞人」(口先が巧みでよこしまな人)とまで呼ぶ人物は、一体誰だったのか。

「元親記」にも、「元親儀を信長卿へ或人さゝへ申すと有るを、聞き及び申す処に、元親事西国に並びなき弓取と申す、今の分に切伐に於いては、連々天下のあだにも罷りなるべし」と、すなわち元親の強大化がやがて信長に仇をなす

織田信雄像

▼小牧・長久手の戦い　一五八四(天正十二)年三月から十一月にかけて、羽柴秀吉と織田信雄・徳川家康とのあいだで行われた、天下人を決定する大規模戦争。長宗我部元親は、信雄や家康と連携した。

▼織田信雄　一五五八〜一六三〇。織田信長の次男。本能寺の変ののち、安土城に入城し、山崎の戦いをへて織田家家督に就任する。徳川家康とともに羽柴秀吉の排除をめざしたのが、小牧・長久手の戦い。

であろうと讒言する者がおり、さらに「阿州・讃州さへ手に入申し候はゞ、淡州などへ手遣仕る可き事の程は、御座有間敷」と、淡路への進攻を示唆した。

その結果、一五八一年十一月下旬の信長方勢力による淡路平定戦が強行された。たとえば、(天正九年)十一月七日付で和泉岸和田城将織田(津田)信張が香宗我部親泰に宛てて入魂を求めているように、この時点まで織田―長宗我部関係は、完全な断絶状態ではなかった。

信張が、関係改善のための仲介役を任じて交信したのかもしれない。のちの小牧・長久手の戦い▲の時も、織田信雄▲に属した彼が元親の窓口だったからである。しかし、『信長公記』が「(天正九年)十一月十七日、羽柴秀吉・池田勝九郎(元助)両人、淡路島へ人数打越し、岩屋を相渡し、別条なく申付け」と記すように、鳥取から帰陣した秀吉が、間髪を入れず淡路を統一した十一月下旬以降、四国政策が劇的に変化したのだった。

それに関連して(天正九年)十一月二十三日付で讃岐東半国守護代家の安富筑後守・又次郎父子に宛てた松井夕閑書状(志岐家旧蔵文書)中の「阿・讃の儀、三好山城守(康長)いよいよ仰せ付けられ候、その刻御人数一廉相副えられ、即時ニ両国残らず一着候様ニ仰せ付けらるべく候」という情報が重要である。

この頃、信長は阿波と讃岐を三好康長にまかせようとした。淡路を橋頭堡(きょうとうほ)にして両国を従える予定であり、その際には参陣するようにと安富父子に命じたのである。このことは、阿波三好氏家督(かとく)であった十河存保(そごうまさやす)▲(三好存保との署名も見かけるが、小著においては十河で統一する)を、信長が用済みにしたことを意味する。

阿波・讃岐両国の大半を実効支配をしていたのは元親であるから、信長の一方的な国分(くにわけ)案の変更は、受け入れがたいものだった。かかる急激な展開によって実利をえたのは秀吉と康長だったが、かといって彼らが直接信長に讒言することはむずかしかったと推測する。

公家衆の確執

前久書状にある「佞人」とは、信長と前久の良好な関係を妬んだ公家衆と考えるのが妥当である。当時の信長は「公儀(こうぎ)」として君臨していたことから、高位の公家クラスでないと、この手の話はできなかったとみるべきだ。前久が、秀吉

▼**十河存保**　一五五四〜八七。三好長慶の弟・三好実休の次男。讃岐の十河氏を継ぐが、一五七八(天正六)年に阿波勝瑞(しょうずい)城に入り三好氏家督となる。長宗我部氏に対抗するも、信長と結んだ三好康長に地位を奪われる。

や康長に対して佞人とのみ記して実名を書かないほど配慮する必要はなく、現に書中に「羽柴筑前守」が登場する。ましてや、康長が前久を貶めるほどの実力をもっていたとは考えられない。

秀吉や康長と利害をともにする公家は、二家考えられる。第一が、一条家である。元親は、その一族である土佐国司家の当主で大津御所と呼ばれた一条内政を推戴していたが、一五八一(天正九)年二月に彼を国外追放した。信長は、大津御所体制の解体を契機として元親に対する警戒を強め、対応を厳しくしたのである〔秋澤二〇〇〇〕。

大津御所体制は、一条家当主の内基▲自身がわざわざ土佐まで下向し、元親との交渉の末、一五七四(天正二)年末に実現したものだった。その解体を画策した元親に対する憤りから、内基が信長に讒言した可能性は濃厚である。なお、内基は一五八一年四月に左大臣から関白へと昇進し氏長者に任じ、八二(天正十)年十月には従一位となっている。前久がライバルと意識するには、十分な立場である。

第二が、西園寺家である。この頃、元親と伊予宇和荘を支配する伊予西園寺

▼**一条内基**　一五四八～一六一一。一条房通の次男。一五七三(天正元)年、土佐一条家のもとに下向し、内政を当主として長宗我部元親が土佐支配を支えるという大津御所体制を確立した。一五八一(天正九)年、関白任官。

▼**西園寺実益**　一五六〇〜一六三二。西園寺公朝の子息。一五八〇(天正八)年に右近衛大将に任官する。

家とのあいだでトラブルがあった。これについては、(天正八年)三月十六日付で京都の西園寺家家司三善治部少輔に宛てた西園寺家重臣法華津前延の書状が興味深い〔阿波国徴古雑抄〕。

一五七九(天正七)年の夏(正確には五月)、元親の命を受けた宇和・喜多両郡の軍代久武親信は宇和郡三間(愛媛県宇和島市)に侵入したが、西園寺側の防戦を受けて親信をはじめとする数百人が討死した。

この事件は、「信長公御奉行衆」が把握し、「御上使」まで派遣されていたことがわかる。これによって、信長が元親の行動に疑念をもったとしても不思議ではない。当時の伊予西園寺家当主の公広は、本家当主で正二位右近衛大将だった西園寺実益▲を介して上方情報を収集し、信長に接近していたとみられる。

ここでは、はるばる伊予宇和郡にまで信長から上使を派遣させた西園寺家の政治手腕に着目したい。なお、元親に追放された一条内政が頼ったのが伊予西園寺家だったことも示唆的である。

以上から、四国の公家大名の本家当主たちが、淡路攻撃以前に信長に元親のことを讒言したとみることができるのではないか。とりわけ、一条内基については前久との関わりからも可能性が高い。

信長の元親に対する不満と疑念が一条家側の主張によって肥大化し、秀吉―康長ラインに四国政策をまかせることを選択させたのではないか。それが一五八一年十一月下旬における、秀吉への淡路給与と康長への淡路・讃岐給与の約束となった。秀吉の甥秀次の康長への養子入りも、この前後のことと推測される。

当時の秀吉と内基とのつながりは不明である。ややのちのことではあるが、秀吉は一五八六(天正十四)年に土佐一条家を久礼田御所として復活させている。信長在世期の土佐支配体制に戻そうとするものであって、これに内基が介在したのかもしれない。また公広であるが、一五八五(天正十三)年の四国国分の結果、前年に元親に降伏したにもかかわらず、改易されることなく本城である黒瀬城(愛媛県西予市)に在城した。

直接敵対関係にない遠国の諸大名を臣従させるために、信長は武力一辺倒でなく、停戦令を押しつけようとしたことから、天皇権威や朝廷人脈も必要不可欠となった。一五八〇(天正八)年の勅命講和を皮切りに、信長の統一事業は公家社会も巻き込んでいったのであるが、結局は彼らも重臣間の派閥抗争に翻弄されたのである。

激化する派閥抗争

なぜ信長の重臣層が、織田領周辺の戦国大名までも巻き込むような大規模派閥を形成することになったのか。それは天下統一戦の最終段階を迎えて、政権の専制化が進み、信長の子息をはじめとする一門や信長の薫陶を受けた若い近習らが重視・優遇されるようになり、重臣たちがみずからの生残り策を講じたためである。派閥の規模が、政権内の発言力に比例したから、その拡大をはからねば生き残れなかったのだ。

加えて奥羽や四国・九州などの周辺地域では、天正年間(一五七三〜九二)になって伊達氏・長宗我部氏・島津氏などの強大な戦国大名が本格的に台頭しはじめており、それに基づく勢力地図の変化にともなって、当該地域の諸大名がさまざまな思惑から、将軍足利義昭にかわる「公儀」として、信長重臣を取次役に恃んで信長に接近・服属してきたことも重要である。

このようにして、重臣たちの派閥形成は信長家臣団内部のみならず遠国の戦国大名を巻き込んで進んだのである。長宗我部氏と三好氏のように敵対する大名相互が別の重臣を頼ったため、重臣相互の関係を悪化させ、信長の天下統一戦の進捗が、派閥抗争を非和解的に拡大させていき、政権そのものを破壊するほどの事態を招くことになった。

前掲の史料B（二二一ページ参照）で明らかになったことは、光秀が派閥の崩壊を回避すべくギリギリまで信長と四国国分交渉を試みたが果たせず、最終的に派閥の論理を優先させて信長の討滅を選択したことである。なお豊臣政権においても、天下統一を間近にひかえた時期から派閥抗争が激化し、それが政権崩壊につながっていく〔藤田二〇一四〕。

光秀は、一五八〇（天正八）年以降は追放された佐久間信盛にかわって丹波・丹後・山城・大和四カ国の諸大名の上位に位置づけられた織田家中最有力の重臣となっていた。さらに四国を長宗我部氏で統一することで、九州をにらんだ信長の西国政策のキーパーソンになり、最大派閥を形成したのである。

対する秀吉は、播磨・但馬・因幡三カ国を橋頭堡として備前から備中へと中国地域をうかがううえで、戦略上、三好氏の阿波・讃岐の領有はどうしても確保しておかねばならなかった。次ページに、この抜き差しならぬ両派閥間の緊張関係を図にして示す。

義昭―光秀関係の復活

冒頭の光秀書状で確認したように、本能寺の変以前に義昭と光秀とのコンタクトがあったとするならば、どのようなルートで行われたのであろうか。これだけのクーデターを成功させるためには、しかるべきパイプがないと不可能である。

義昭から光秀にいたる情報の伝達には、義昭の側近と光秀重臣がからんでいないとたがいに信用がおけず、実現しえなかったと考えられるが、そのルートを明示する史料が「石谷家文書」に含まれていた。

一五八二(天正十)年一月、信長と元親との関係調整のために、光秀のもとから光政の子息頼辰が土佐岡豊(高知県南国市)にくだっていた(史料A、二一ページ参照)。毛利輝元の要望を受けた義昭は、同年二月に石谷父子にすぐさまアプ

本能寺の変直前の光秀・秀吉派閥関係図

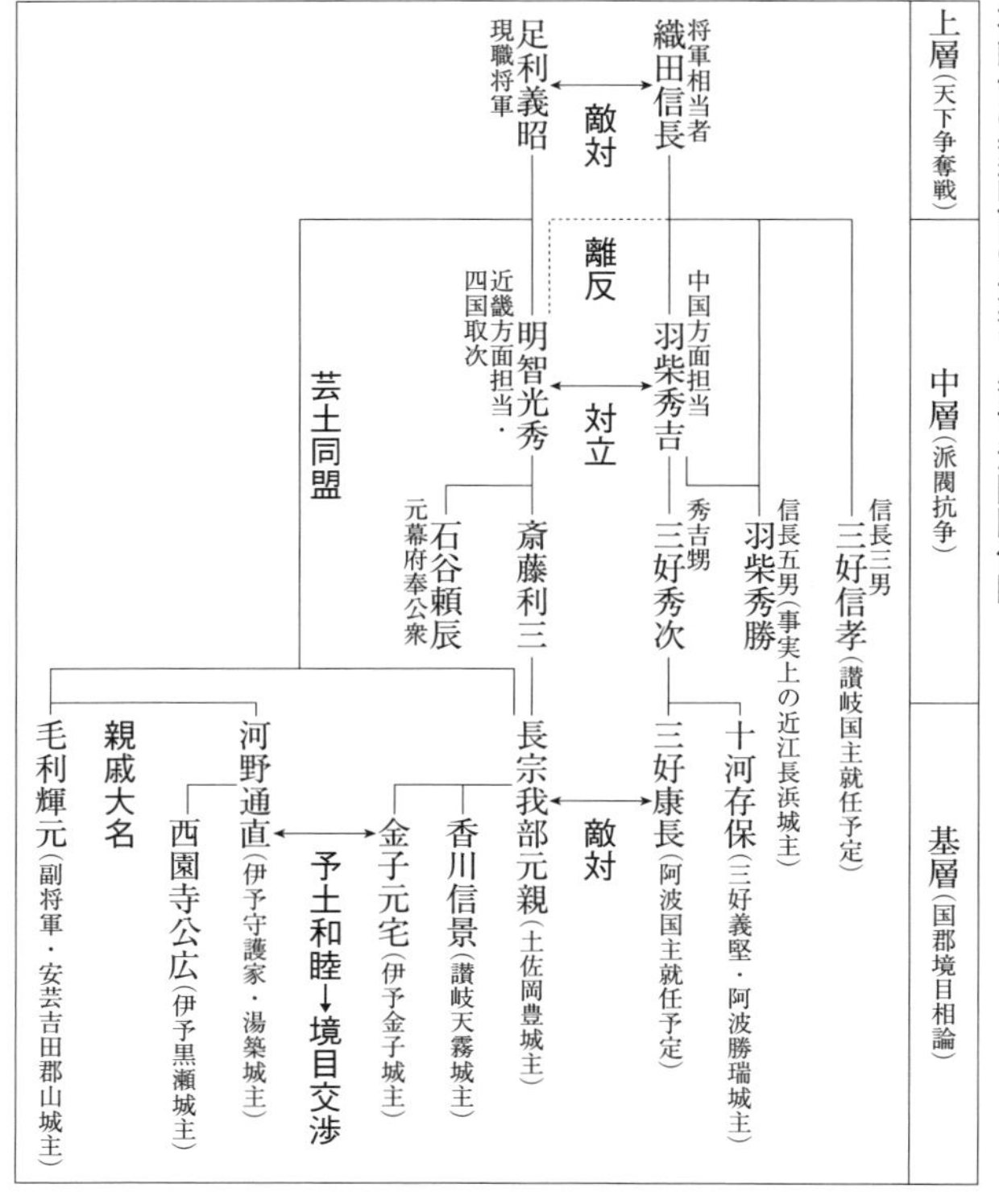

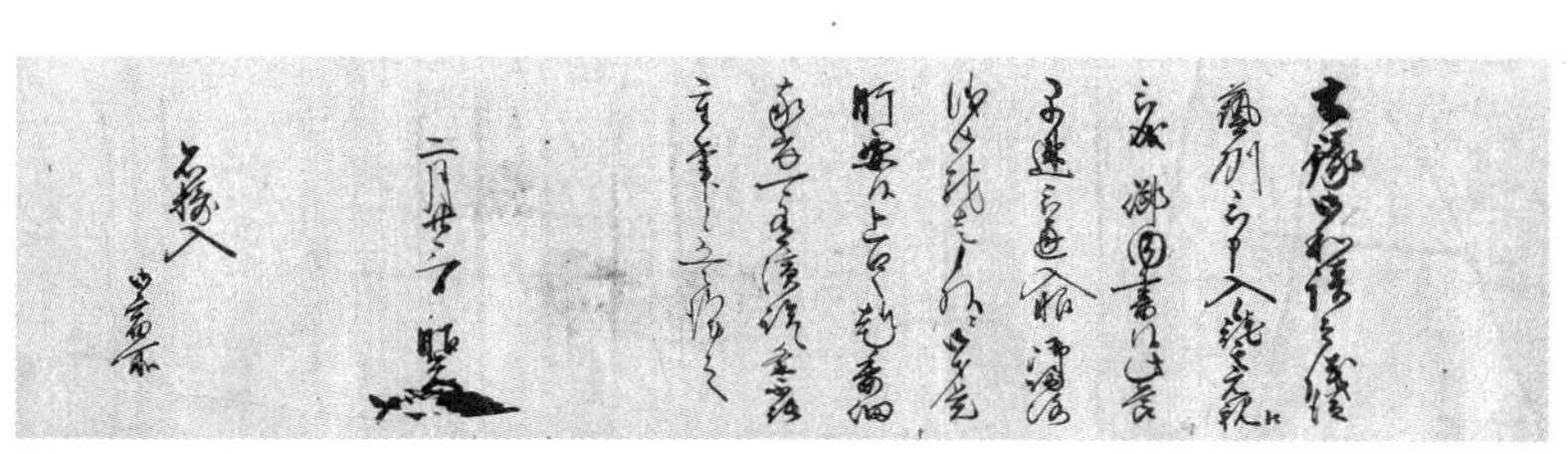

「(天正十年)二月二十三日付石谷光政宛真木島照光書状」(石-13)

ローチしたのである。それが、次の「（天正十年）二月二十三日付石谷光政宛真木(まき)島昭光(しまあきみつ)書状」（石―13）である。本文を抜粋して掲げる。

> 土・予御和談の儀、芸（毛利輝元）州より申し入れられ候、それにつきて元（長宗我部）親え
> （闕字）御内書なされ候、この節早速入眼を遂げられ、御帰洛の儀、御馳走候様に御才覚肝要に候、上口の趣、委細家孝（小林）演説あるべく候条、重筆能わず候、
> 恐々謹言、

土(ど)州・長宗我部元親と予州・河野通直(みちなお)の和解（予土和睦）について、通直の親戚筋にあたる毛利輝元から義昭に申入れがあり、それを受けて義昭から元親に御内書が発給されたことがわかる。これこそ、一五八二年六月以前に成立していた毛利―長宗我部同盟（芸土同盟）の端緒を示す史料である。なお「石谷家文書」には、翌年の一五八三（天正十一）年にかけてこの同盟に関係する史料が散見されるので、八一（同九）年二月以前に比定することはできない。

義昭は、毛利氏と長宗我部氏との同盟を実現させ、自身の帰洛(きらく)を元親が支援するようにと命じている（傍線部）。石谷父子は、義昭からの命令を元親に伝えるのと同時に、主君である光秀にも伝えたにちがいない。当然、義昭もそれを

望んでいたであろう。

これによって、義昭と光秀のパイプが復活することになったのだが〔藤田二〇一五・二〇一七〕、この書状を石谷父子のもとに伝え交渉した使者が、義昭側近の小林家孝だったことは注目される。家孝は、かつてみずから摂津花隈城に向かい、荒木村重を説得して信長から離反させ反乱を起こさせた実績があるからである。家孝が語った「上口の趣」とは、秀吉の勢力圏となった東瀬戸内地域の情報であろう。

すでに「(天正十年)六月十七日付香宗我部親泰宛義昭御内書」で、それ以前に毛利―長宗我部同盟が成立していたことを確認している。毛利氏は河野氏と親密だったし、河野氏は宇和郡の西園寺家と良好な関係にあった。長宗我部氏には讃岐の香川氏▲や伊予の金子氏が同盟していたから、実質的に中国・四国同盟としての実態があった。

とすると、一五八二年二月から本能寺の変が発生する同年六月までの期間、光秀は主君信長からはもとより、旧主義昭からの情報もえていた可能性は濃厚である。両者の動きを知ることができたのだから、もう一度歴史を動かす千載

▼**香川氏**　讃岐西半国守護代家。讃岐天霧城主。香川信景は、毛利氏や長宗我部氏との良好な関係をもとに一貫して三好氏と対立した。伊予金子城主の金子元宅とも入魂で、毛利―長宗我部同盟の実現に向けて尽力した。

一週のチャンスをえたといってよい。遅くとも、後述する信長の一門・近習(きんじゅう)と秀吉派閥重視の路線および大規模国替(くにがえ)の意志がかたいことを確認した五月までに、光秀はクーデターを決意したであろう。

以上をふまえたうえで八二ページ図を見て気づくのは、本能寺の変直前における信長と秀吉派閥との一体化である。三男信孝(のぶたか)が三好家に養子入りし、やがて家督として阿波・讃岐両国をおさめるであろうこと、そして五男秀勝(ひでかつ)が長浜(ながはま)城主として自立しつつあり、ゆくゆくは羽柴氏を継承することが、本能寺の変の前には予想されたのである。

さらには、中国・四国地域における秀吉派閥の拡大によって、将来的にそれが信孝・秀勝を中心とする西国支配体制成立の地ならしとして作用するであろうことが、信長重臣層にも意識されるようになっていた。信長にとって、能力があり子どものない秀吉は、実に使い勝手のよい重臣だった。このような事態の進行を前に、光秀はみずからの派閥解体の危機に瀕したため、旧主義昭の誘いに応じて幕府(ばくふ)再興を画策したといえるだろう。

大規模国替計画

長宗我部氏が敗北することによって、光秀の政権内における発言力が決定的に低下することは確実だった。加えて彼を悩ませたのが、四国・中国平定後に予想される大規模な国替だった。その対象は、信長の中国・四国政策を担当した諸大名だった。

信長は一五八〇（天正八）年以降、西国の諸大名に停戦命令——九州停戦令（八〇年三月）・中国停戦令（八〇年五月）・四国停戦令（八一〈同九〉年六月）——を強制しつつ西国支配構想を明確化し、その中核に大坂城を位置づけ、丹羽長秀と織田（津田）信澄（一門）に城代として築城を監督させた。その西方の摂津伊丹・兵庫両城には池田恒興（乳兄弟）を、南方の和泉岸和田城に織田信張（一門）・蜂屋頼隆（近習）を城代として配置した。

大坂城は、信長の城として築城されつつあった。安土城と同様に丹羽長秀が関与したことからも、西国平定による天下統一後は、時期は不明ながら支配拠点が移される可能性があったとみられる。一五八二（天正十）年五月に安土を訪れた家康に、普請中の大坂城と和泉堺を見物するように命じたことは示唆的で

▼『明智軍記』　江戸時代中期に成立した明智光秀の一代記。あくまでも軍記物ではあるが、一部、現代人では知りえない情報も含まれるとの評価もある。

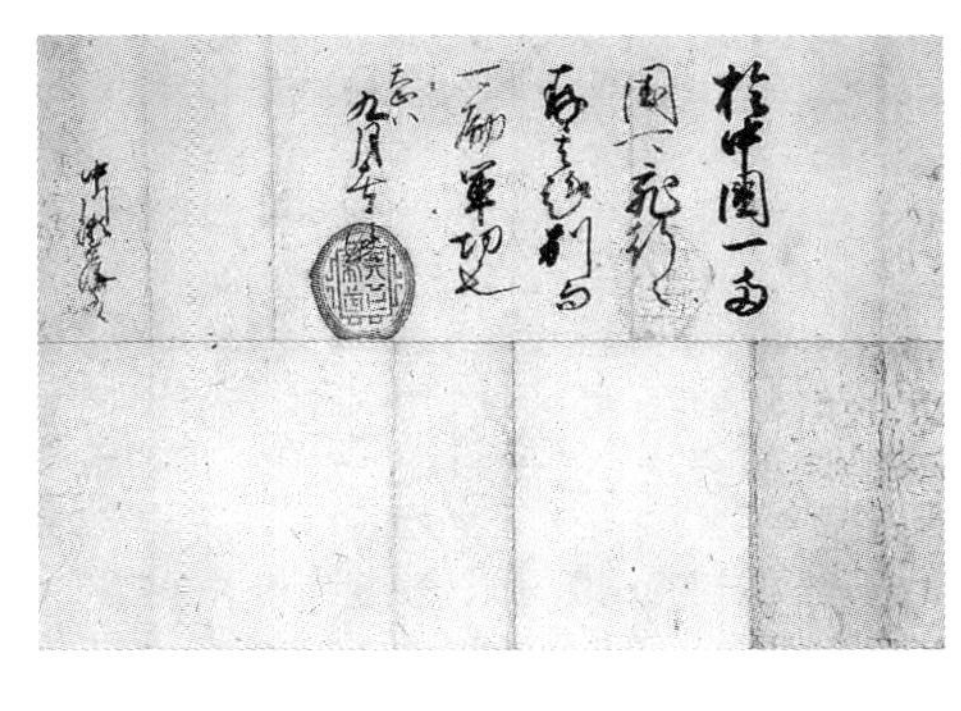
「天正八年九月十七日付織田信長朱印状」

ある。

一次史料で確認できる信長の国替構想を、八八ページ表に示した。実は、信長の中国・四国攻撃ののち、四国担当の光秀に国替が待っていたことも本能寺の変の重要な前提だった。信用度の低い史料ではあるが、『明智軍記』▲には中国出兵に際して光秀が信長から出雲・石見への国替を命ぜられたと記す。表中において、石見の国主がわからないが、光秀の可能性を否定することはできないだろう。

それに対して、播磨以西の国分によって配置される予定の大名の大部分が、秀吉の家臣や派閥あるいはその人脈に属する者で固められることになっていた。当然のことながら光秀はそれを知っていたであろうから、信長の四国攻撃ののちのみずからの処遇について、相当に不安をつのらせていたにちがいない。

一五八二年に中国・四国が織田領となって天下統一がなると、柴田勝家（越前）、羽柴秀吉・明智光秀（近江）、三好信孝（伊勢）、中川清秀（摂津）、三好康長（河内）ら畿内近国の方面軍トップクラスの有力大名たちが、本拠地を移動することが予想された。天下統一直後に執行される大規模国替によって、信長は空

天正10年西国配置構想

地域	国名	大　名	備　考
畿内	摂津	丹羽長秀	大坂城代として普請担当，若狭後瀬山城主。
		織田信澄	大坂城代として普請担当，近江大溝城主。
		池田恒興	摂津有岡城を伊丹城へと改称。摂津花隈城の資材を転用して摂津兵庫城を改修。
	和泉	織田信張	岸和田城代として配置される。
		蜂屋頼隆	岸和田城代として配置される。
山陽	播磨	羽柴秀吉	淡路も領有。播磨姫路城主。
	但馬	羽柴秀長	秀吉実弟。
	備前	宇喜多直家	秀吉派閥。備前岡山城主。
	美作	宇喜多直家	秀吉派閥。
	備中	宇喜多直家	秀吉派閥。
	備後	中川清秀	秀吉派閥，摂津茨木城は収公予定。
	安芸	中川清秀？	秀吉を介して，信長から「備後の次の国」の恩賞を約束される。
	周防	大友義統	信長から，毛利氏攻撃への参陣を前提として約束される。
	長門	大友義統	信長から，毛利氏攻撃への参陣を前提として約束される。
山陰	因幡	宮部継潤	秀吉与力。因幡鳥取城主。
	伯耆	南条元継	秀吉派閥。伯耆羽衣石城主。
	出雲	明智光秀？	
	石見	明智光秀？	『明智軍記』は出雲・石見への国替を命ぜられたと記す。
四国	讃岐	三好信孝	三好康長養子となる，伊勢神戸城から国替予定。
	阿波	三好康長	秀吉派閥。河内高屋城から国替予定。
	伊予	？	信長が淡路まで出馬した時点で公表する予定。
	土佐	？	信長が淡路まで出馬した時点で公表する予定。

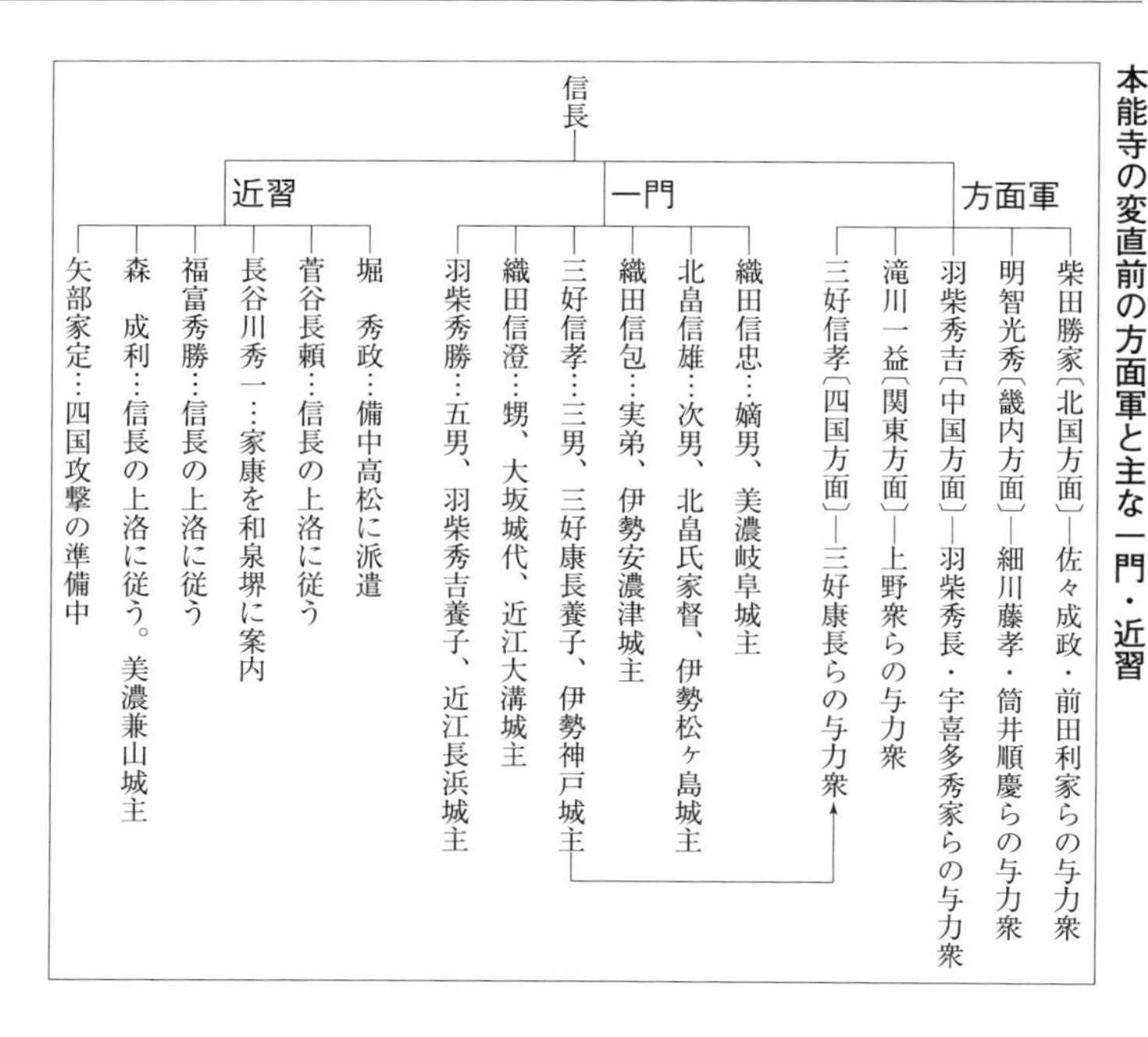

信長
方面軍
柴田勝家〔北国方面〕—佐々成政・前田利家らの与力衆
明智光秀〔畿内方面〕—細川藤孝・筒井順慶らの与力衆
羽柴秀吉〔中国方面〕—羽柴秀長・宇喜多秀家らの与力衆
滝川一益〔関東方面〕—上野衆らの与力衆
三好信孝〔四国方面〕—三好康長らの与力衆
一門
織田信忠…嫡男、美濃岐阜城主
北畠信雄…次男、北畠氏家督、伊勢松ヶ島城主
織田信包…実弟、伊勢安濃津城主
三好信孝…三男、三好康長養子、伊勢神戸城主
織田信澄…甥、大坂城代、近江大溝城主
羽柴秀勝…五男、羽柴秀吉養子、近江長浜城主
近習
堀　秀政…備中高松に派遣
菅谷長頼…信長の上洛に従う
長谷川秀一…家康を和泉堺に案内
福富秀勝…信長の上洛に従う
森　成利…信長の上洛に従う。美濃兼山城主
矢部家定…四国攻撃の準備中

本能寺の変直前の方面軍と主な一門・近習

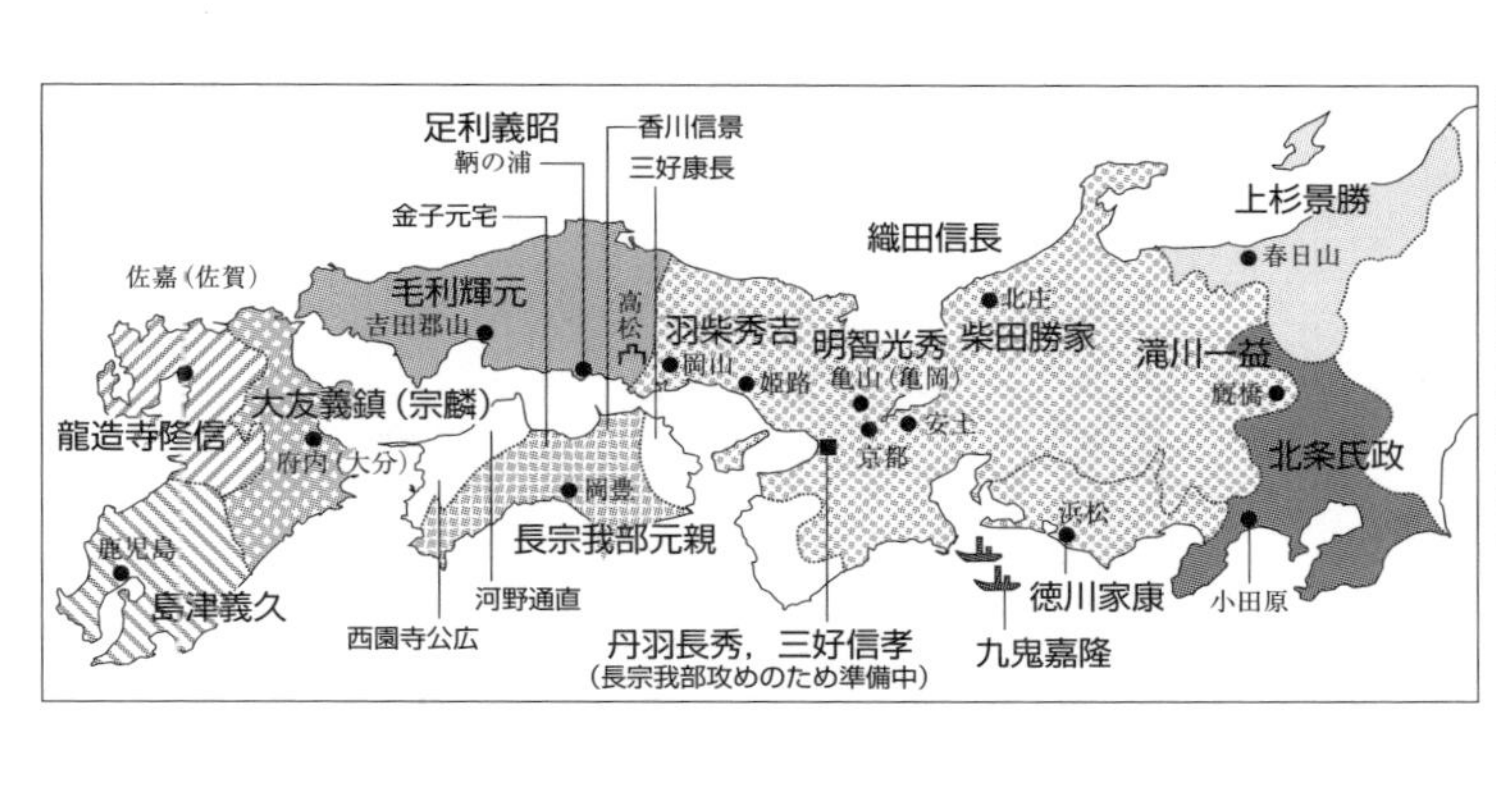

本能寺の変直前の勢力図

いた畿内近国の諸地域に一門大名を配置したり、直轄地（蔵入地）として近習や馬廻らを代官としておくつもりだったと推測される。

これに関連して、安土の都市化に注目したい。安土城下町において武家地が設定されたのは、城郭に近い下豊浦である。たとえば一五八〇年には、信長から、「御馬廻・御小姓」に対して「江堀を埋めさせ、各屋敷下され」（信長公記）たとあることから、西の湖に面した下豊浦北部に彼らの屋敷地区が設定されていたのであろう。この地区には、通称地名となって金森・河尻・高山の大名クラスの名字が伝存している。

湖を埋立ててまでして屋敷地を拡張していたとすると、安土には直属軍の集中が進んで、それなりに稠密な状況だったと考えられる。その前提としては、福田与一事件が想起される。一五七八（天正六）年正月、信長の弓衆である与一が安土で自宅火災を起こした。信長が調査すると、単身赴任のための失火であることがわかるが、同時に単身赴任組が「御弓衆六十人、御馬廻六十人、百廿人」もいることが明らかになった。

そのため信長は、彼らの本領尾張の屋敷を放火し、屋敷林まで伐採して妻子を安土に引っ越させた。それから二年経過して、直臣団(じきしんだん)やその家族の安土への集住が進み、屋敷地不足が顕在化したのではないか。加えて、彼らの領地(りょうち)を畿内近国に設定する必要があったと考えられる。これも、大規模国替の前提として理解される。

左遷と栄転

一五八一(天正九)年十一月における秀吉の東瀬戸内掌握によって、信長の外交方針が秀吉―三好ラインを使って西国支配を進めることが明確になった。それは長年にわたり四国政策を担っていた、光秀―長宗我部ラインの敗北を意味したのだった。

信長の一門との一体化を進め自派の勝利を確信した秀吉は、信長の西国動座(どうざ)をできるだけ早めようとした。そのために敢行したのが、備中高松城水攻めだった。水攻めは敵対勢力の後詰め勢力を誘(おび)きだすことに眼目があったが、秀吉は毛利氏本隊を戦場に引きずりだして信長の親征の舞台を用意したのである。

安土で徳川家康(とくがわいえやす)をもてなしていた信長は、「芸州(げいしゅう)より毛利・吉川・小早川(こばやかわ)人数引率し対陣」という情報に接すると、「天ノ与フル所に候」と認識して、即座に西国動座を諸将に命じた（信長公記）。秀吉のもくろみは、見事に的中したのだ。

光秀は、戦後に遠国への国替を強制されることを意識しただろう。信長の重臣たちは、初期に近江に所領をあたえられた。彼らは最前線をまかされると、つぎつぎとそこを本拠としていった。それが、柴田勝家（近江長光寺城→越前北庄城）や丹羽長秀（近江佐和山城→若狭後瀬山城）である。勝家は、さらに上杉氏滅亡後に越後春日山に移る予定だったであろう。大坂城代に抜擢された長秀も、しばらくの期間は同城の普請と城下町経営を担当することになっていただろう。

残りが秀吉と光秀であったが、彼らはともに最前線の城郭と近江の城郭をもっていた。秀吉の場合は、長浜城が元服した養子秀勝の居城となり、独自の家臣団も形成されていたことがわかっているから、播磨・但馬・淡路に因幡・伯耆を加える大領国になっただろう。

派閥抗争に敗退した光秀については、畿内近国から遠国への国替を強制される可能性は高かった。最前線への転封は、一五六八(永禄十一)年に上洛して以来、つねに政権中枢にあった光秀にとって、活躍の場を取り上げられること、つまり左遷を意味した。

加えて、細川藤孝や織田信澄ら親戚大名や筒井順慶などの与力大名と離ればなれになってしまうことから、光秀の派閥は完全に解体される。西国出陣への急速な展開に、光秀は相当に追い込まれたにちがいない。このようにみると、光秀に圧力を加え謀反へと走らせた張本人は秀吉だったのかもしれない。

秀吉は、堀秀政や長谷川秀一ら台頭しつつある若い信長近習たちと良好な関係を築いていたが、近畿支配にかかわっていた光秀は彼らと張りあう関係にあった。近習たちの意志も、秀吉の勝利を後押しした。本能寺の変直前の時期、信長の西国動座ののち光秀が没落し、秀吉が織田家中で最有力の重臣となることは、織田家中の「常識」だった可能性がある。

政権分裂

ここで、信長が四国政策を変更した理由に迫りたい。これは一方的に秀吉の要求を容れ、それまでの光秀の外交努力を否定するという、公平性を欠くものだった。光秀は、一貫して長宗我部氏を使って西国支配への影響力を行使しようとしていた。しかし前述した信長の国家構想のなかで、一門・近習の重用は既定方針となっており、重臣や服属外様大名の政治的地位は低下しつつあった(八八ページ図参照)。

このような状況下、秀吉は、信長の五男秀勝を養子としており、一門・近習たちと良好な関係を築いていた。秀勝については、一五八一(天正九)年二月から長浜城領の統治を開始しており、八二(同十)年三月の元服以降は軍事指揮権も行使していた。尾下成敏氏は、秀吉のほうから秀勝に長浜城支配をまかせ、下からの集権化を推進したと説く〔尾下二〇一五〕。

これに対して畿内支配に関与した光秀は、秀吉派閥や信長の一門・近習たちとライバルの関係にあった。かつての荒木村重とまったく同様のケースといってよい。この時期になると、光秀をはじめとする重臣層は、信長の政治改革に対して少なからず当惑していたにちがいない。近い将来、彼らも例外なく遠国への国替を強制されることがみえてきたからである。

信長重臣の国替(年は天正)

年	大名	旧城→新城	備　　考
1	丹羽長秀	近江佐和山→若狭後瀬山	天守・石垣あり。近江佐和山城もあずかる。
3	柴田勝家	近江長光寺→越前北庄	天守・石垣あり。
8	細川藤孝	山城青龍寺→丹後宮津	明智光秀が丹後宮津築城を手伝う。
9	前田利家	越前府中→能登七尾	天守・石垣あり。
9	佐々成政	越前府中→越中守山	のちに越中富山城に入る。
9	池田恒興	尾張犬山→摂津伊丹	天守・石垣あり。摂津兵庫城も築城。
10	滝川一益	伊勢長島→上野厩橋	東国取次。
10	河尻秀隆	美濃岩村→甲斐躑躅ケ崎	信忠付き，甲斐岩窪館説あり。
10	森　長可	美濃兼山→信濃海津	信忠付き。

信長は、国替を契機として、家臣団に本領を安堵(あんど)したり新恩(しんおん)を給与したりする伝統的な主従制のあり方を否定しようとした。それにかわって、家臣個人の能力に応じて領地・領民・城郭をあずけるという体制の確立をめざしたのだ。

信長は、最終的に麾下(きか)の全大名を命令一つで自由に転封できる鉢植大名にしようとしたと推測される。彼が行った国替は(上表参照)、本能寺の変によって十分には展開しなかったが、秀吉は一五八五(天正十三)年閏(うるう)八月に一八カ国におよぶ全領規模の国替を強制し、信長の政策を継承して一挙に集権国家を誕生させたのだった〔藤田二〇一四〕。

この徹底した実力主義の導入は、それまで保障されていた既得権が剝奪されることを意味しており、重臣層からの激しい抵抗が予想された。信長は、天下統一が実現した直後から、大改革を強行しようとしていたのである。

従来のような重臣層の活躍を前提とする政策決定か、若い一門・近習を中心とする専制的かつ集権的な国家創出か、政権を分裂させかねないような対立があり、天下統一を目前にひかえた時期、信長は政権中枢の世代交代を進めるべく、後者に大きく舵を切ろうとしていたのだ。重臣層のなかでも、遠国支配を担当する柴田勝家や滝川一益らの老臣たちは光秀と近い立場にあり、多かれ少なかれ不満をいだいていたと推測される。

秀吉は、一門衆に近い立場を確保し、近習たちとも親密だった。これに対して光秀は、改革の断行によってもっとも被害をこうむる立場にあり、将来に希望がもてなくなってしまったといってよい。

将軍任官と安土行幸

従来から指摘されているように、朝廷から信長への官職推任はつねに正親町天皇の譲位と皇太子誠仁親王の即位とセットの関係にあった。一五八二(天正十)年三月に懸案の甲斐武田氏を滅ぼしたのち、朝廷と京都所司代村井貞勝は推任のための協議に入った。

一五七八(天正六)年正月に正二位となった信長は、官位はそのままで右大臣と右近衛大将を辞官して天下統一後に再任官の意志を表明した。こののち、一五八一(天正九)年三月には左大臣への推任はあったが、信長は譲位・即位ののちに再任官すると返答するにとどまった。

正親町天皇

一五八二年五月四日には、勅使が安土に下向して朝廷の意志を伝達した。これに先立つ『晴豊記』天正十年四月二十五日条では、朝儀の実権を握っていた誠仁親王側と貞勝との協議において「太政大臣か関白か将軍か、御すいにん(推任)候て可然候よし被申候」と、太政大臣・関白・将軍という三職のうちどれかを推任したらよいというものだった。

しかし五月四日の安土城における正式の対面の場において、勅使勧修寺晴豊は「関東討ちはたされ弥重に候の間、将軍ニなさるへきよし」と答弁している。勅使派遣の意向を問う信長に対して、源頼朝の先例を引いて将軍推任のためと回答したことはきわめて重要である。

一五七八年四月における信長の右大臣兼右近衛大将の辞官の理由として、「万国安寧・四海平均の時」に、改めて武家の「棟梁」に任官すると明言しているが、この表現からは右近衛大将から将軍に任官した頼朝の先蹤にならったものとみられる。すなわち、天下統一が達成されて将軍に任官することを表明したと解釈され、将軍推任は信長の意向にそったものとみることができる。

朝廷は、長らくの交渉過程のなかで、信長の意思を尊重したとみるべきである。将軍推任を朝廷の意思と判断する見解もあるが〔金子二〇一四〕、正確には信長と朝廷の意思が合致したと判断される。それは、安土行幸が将軍任官とセットとして、これ以前から広く準備されていたことによっている。

信長は、天下統一がなった直後に安土行幸を計画しており、それは家臣団にも表明されていた。一五八二年正月に、勧修寺晴豊は行幸用の馬鞍が完成したので正親町天皇に見せており、行幸が既定路線となっていたことがわかる。

パレードに重点がおかれた行幸であるが、家康も前年の一五八一年から馬鎧の製作に余念がなかった。とくに、信長への献上品である金馬鎧の品質には相当に気を配り、国人に割りあてて検使を派遣するほどだった。たとえば、深溝松平氏の当主松平家忠は馬鎧を四懸仕立てたが、同年五月にはチェックを受けて三懸を打ち直し、八月に家康のもと遠江浜松まで届けている〔家忠日記〕。

金馬鎧という豪華な馬具は、行幸のパレード用の可能性が高く、行幸の準備がすでに一五八一年には本格化していたとみることができよう。当時、源平交代思想を意識して平姓となっていた信長が将軍に就任する予定であることは、光秀クラスの重臣には自明の事柄だったにちがいない。

六月二日の意味

信長が甲斐から富士山を見物しつつ安土に凱旋したのは、一五八二(天正十)年四月二十一日のことだった。信長から駿河一国を拝領した家康が、礼のために安土城に伺候したのは同年五月十五日である。祝宴のさなかの同月十七日に、羽柴秀吉の使者によって備中への援軍要請の報がもたらされ、信長はただちに光秀に供応役を免じて中国出陣を申し渡した。

このままでは、長宗我部氏が滅亡し、さらにはみずからの国替によって派閥が解体されてしまうことになり、将来の展望がもてないと判断した結果、光秀は決起した。光秀一行は、五月二十七日に愛宕山に参詣し戦勝祈願の連歌会を催す。この頃までには元親の意向は伝わっていたはずであるから、腹を固めていたであろう。筆者は、光秀がその決行日を六月二日と決定したのは、少なくとも次に述べる二つの理由からだったと推測している。

第一は、大坂に結集した三好信孝を最高指揮官とする四国攻撃軍本隊の出陣日が、六月二日に迫っていたからだ(「細川忠興軍功記」)。光秀は、長宗我部氏を危機から救い、その軍事力を義昭の帰洛戦に活用するべく、四国攻撃軍の渡海

▼**菅達長**　?～一六一四。通称は平右衛門。淡路の海賊衆。織田信長との戦いのなかで、毛利氏や長宗我部氏と好を通じた。

を阻止せねばならなかった。そのためには、信孝が出陣する前にクーデターを起こす必要があった。

六月二日未明に発生した変の情報が大坂に伝わると、たちまち四国攻撃軍は大混乱に陥り、信孝は出陣することができなかった。それによって、先遣隊として阿波に渡って戦闘していた三好康長の軍隊は孤立し、撤退を余儀なくされた。さらに長宗我部軍の上洛のための通路となる淡路も、菅達長▲が洲本城を占拠することで確保された。ここまでは、光秀のねらいどおりになったのである。

光秀と元親の連携をうかがわせるのは、山崎の戦いののち、光秀方の縁者が少なからず土佐の長宗我部氏のもとに落ち延びていったことである。有名なところでは、斎藤利三の子息斎藤利宗や息女福(のちの将軍徳川家光の乳母春日局)が元親を頼っている。

石谷頼辰は、ほどなく元親の重臣となった。『長宗我部地検帳』の天正十六年十月一日付「長岡郡江村郷地検帳」には、蓮如寺村(高知県南国市)に「石谷殿御土居」「同西ノ土居」があり所在もわかる。石谷氏は、岡豊城城下の一等地に居館をあたえられたのである。

第二は、すでに指摘した同年五月四日に朝廷から信長に示された将軍推任との関係による。義昭の陣営に属した光秀が、信長に将軍任官に対する意思表示をさせるわけにはいかないと判断したからこそ、六月二日に決定したのではなかろうか。

実は、この日に前田利家の嫡子利勝と正室（信長息女、のちの玉泉院）が、京都に信長を訪ねる予定だった〔続武家閑談〕。家康も、同日早朝に和泉堺を発ち京都をめざしていた。彼ら有力大名衆の臨席のもと、信長によって一大儀式が挙行される可能性があったのではあるまいか。筆者は、将軍推任への正式回答に関係するものだったと考える。

毛利氏や長宗我部氏をはじめとする中・四国の諸大名が依然として義昭を推戴していたことから、信長が将軍推任に応じれば、事実上、義昭の将軍職を否定することになり、西国出陣にとって効果的だった。これによって、義昭陣営の正統性が瓦解するからである。

クーデターの決行日は、四国攻撃軍の出陣および信長の将軍推任への回答、この両方を阻止すべく六月二日に定まったと理解できる。六月一日に光秀が居城丹波亀山城（京都府亀岡市）を出陣したのは、計画ずくだったのだ。

ここで、はじめてみずからの意志を重臣層に告白したとする軍記物もあるが、斎藤利三らの側近たちには、当初から相談していたにちがいない。大名家滅亡の危機すらともなう高度な政治判断を、主君一人で決定できるような時代ではなかったのだ。

⑤—近代歴史学再考

思想的達成

近年、信長には天下統一というビジョンがなかったという研究があいついでいる。その本質は、戦国大名のままだったというのであり、秀吉政権とのあいだに断絶をみるのである。それに対して、小著では天下統一の方向が打ち出された画期として一五八〇(天正八)年に注目したが、その背景として信長の改革思想に注目した。

彼が到達したのは、家臣団に本領を安堵したり新恩を給与したりする伝統的な主従制のあり方を否定し、大名クラスの家臣個人の実力を査定し、能力に応じて領地・領民・城郭をあずけるという預治思想だった。これこそが、信長政権「安土幕府」を起点とする近世政治思想である。

信長は、この頃までに支配理念としての「天下」観を明確化させ、それへの絶対服従を子息・一門も含む全家臣団に対して強制するようになっていた。北畠信雄は、一五七九(天正七)年九月に伊賀惣国一揆▲攻略のために軍隊を進め

▼**伊賀惣国一揆**　戦国時代に伊賀一国規模で結成された国人・土豪一揆。織田信長と二度におよぶ戦いをへて鎮圧された。一五六九(永禄十二)年作成と推測される惣国一揆掟書(山中文書)が有名。

たが、一揆側のゲリラ戦が奏功して重臣柘植三郎左衛門尉が討ち取られるなどの惨敗に終った。

その直後に認めた「(天正七年)九月二十二日付北畠信雄宛信長御内書写」(信長公記)で、信雄に対して度重なる遠征忌避のために伊勢の国侍が隣国への攻撃を要請したことを見抜けなかった浅慮を糾弾し、勝手な軍事行動を厳禁している。ここで注目したいのは、上方への出勢が「第一天下のため」であって、「父への奉公」よりも上位に位置するという論理である。信長は、みずからを「天下」を一身にあずかっている存在と規定する。

さらに「天正八年八月日付佐久間信盛・信栄宛信長覚書写」(信長公記)では、「天下を申し付くる信長」とさえ記している。同年八月十二日付で島津氏に対して停戦令を発令するが、これを受け入れ毛利氏攻撃に参陣することを、「天下に対する大忠」と位置づけている。

すでに信長は、天皇権威を背景として「公方」としてふさわしくない義昭の追放すなわち放伐を正当化していたのであるが、この段階にあっては、主従制の中核に位置した君臣関係さらには親子関係を超越する「公儀」概念としての「天

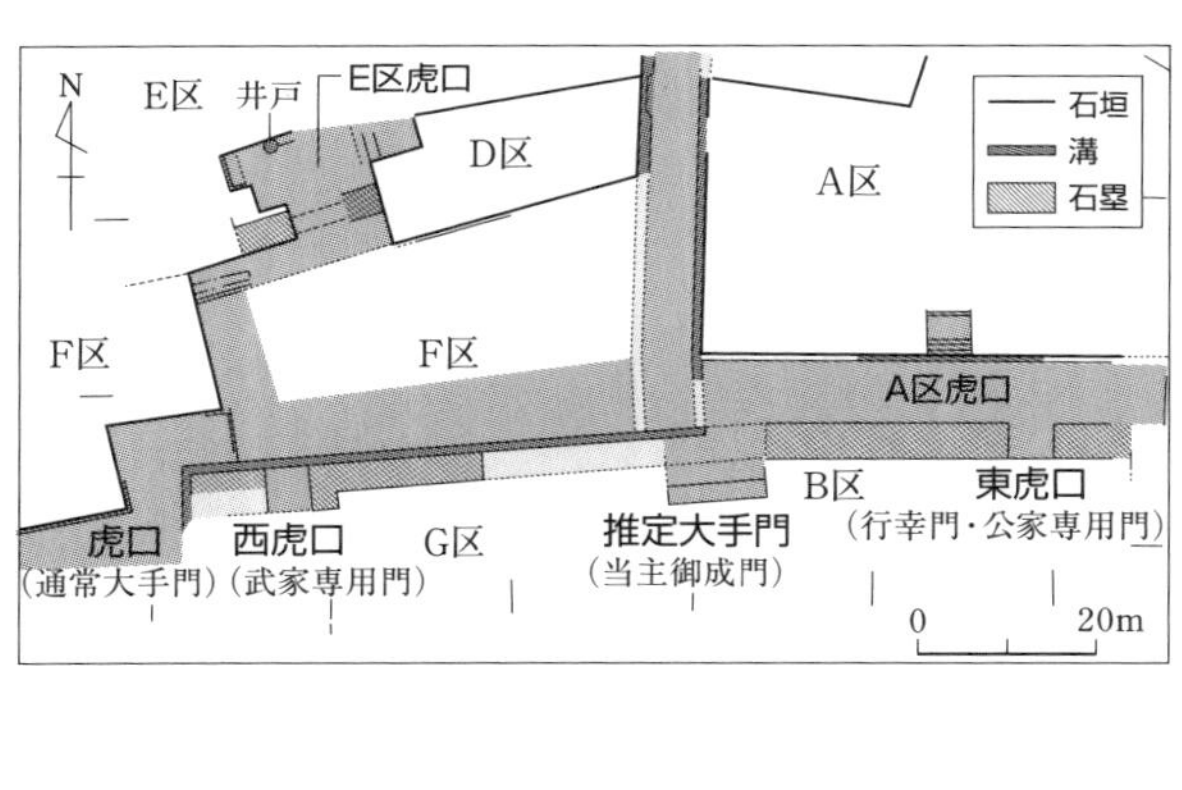

大手口周辺縄張図（『図説　安土城を掘る』による）

下」を定立し、みずからを天から天下をあずかっている者と位置づけたのである〔藤田一九九九〕。

これは、発掘調査〔滋賀県安土城郭調査研究所編『図説　安土城を掘る』サンライズ出版、二〇〇四年〕によって判明した三門を有する安土城大手門から見て、信長がみずからのシンボルであり執務空間とした「天主」が真北に位置し〔カバー表写真参照〕、その天上に北極星すなわち「天」が輝いていたことと関係する。

ここに、信長が天命によって諸侯に君臨する天子の宮殿として安土城を位置づけたことがわかる。すなわち、安土城の縄張には中国の理想的な王朝制度を記した儒教の古典『周礼』の影響がみえるのだ。儀礼空間であろうか、巨大な水堀と予想されていた大手門前が広場だったことも興味深い。

「天下」という言葉は、京都や畿内をさすのみではない。もちろん日本六〇余州をさす広義の用法もあるが、一国の統治権あるいは一国を支配する者という意味もある〔小学館『日本国語大辞典』〕。天皇など特定の人格ではなく「天」という絶対者から統治権をあずかるという認識に根ざす「天下のため」「天下を申し付く」「天下に対する大忠」という信長の表現は重要であり、ここに王権神授説▲にも比すべき思想的な達成を認めることができるのだ。

これに対して、一五八五（天正十三）年に関白になった秀吉は、みずからの支配の正統性について天皇による日本六〇余州の進止権を委任されたとする論理を展開している。この頃、秀吉は御伽衆として仕えていた大村由己に命じて、生母なかが宮中に両三年仕えて、故郷尾張に帰って秀吉が誕生したとする皇胤説を唱えさせ、みずからの出自を粉飾して天皇すなわち伝統権威と一体化した。

預治思想に基づく天下人を中心とする集権国家は、秀吉の統一戦によって完成した。天下統一とは、反抗する戦国大名を征討することではない。侵略戦と仕置を通じて天皇のもとに日本六〇余州を収公することであった。具体的には、一五九一（天正十九）年の奥羽再仕置において最後まで抵抗していた九戸政実を鎮圧したのちに、諸大名から国絵図▲（実態は郡絵図の集成）と御前帳▲を徴収し、天皇に献納することで完了した〔藤田二〇一四〕。

服属地に対する仕置を断行し、天下人が改めて麾下の大名に領地・領民・城郭をあずけ、大名が家臣団とともに地域の拠点城下町に集住する。その始まりが史料的に確認できるのは、一五八一（天正九）年だった。

▼王権神授説　ヨーロッパの絶対王政期に主張された、王権は神から付与されたものであり、王は神に対してのみ責任をおい、教皇や皇帝によっても拘束されることがなく、王権を絶対的なものと位置づける思想。晩年の信長は、「予が国王であり、内裏である」と語ったり、「自分の誕生日、おのれを生神とする祭典を大々的に催し、武士のみならず庶民に参拝を強要した」と、宣教師ルイス＝フロイスは記録している。

▼国絵図　一五九一（天正十九）年に豊臣秀吉が全国規模で一国単位の国絵図の作成・提出を命じたのが最初であるが、天正国絵図はいまだ発見されていない。

▼御前帳　一五九一（天正十九）年に豊臣秀吉が全国規模で一国単位の検地帳を、天皇の上覧に備える御前帳として国絵図とあわせて提出するように求めた。

たとえば、前田利家は越前府中から能登七尾への国替に際して、信長から近習菅谷長頼が上使として越前に派遣され、「要害ならびに私宅共」を異議なく渡すよう指示されている。加えて、その年の年貢の差配のあり方や妻子を必ず能登に移住させることも命じている。江戸時代につながる国替の作法の原型といってよいだろう。

このような方向で集権国家へと舵が切られたのであるが、信長の段階では畿内近国規模である程度進んだものの、本能寺の変によって挫折した。秀吉は、その遺志を継いで統一戦を遂行し、畿内を中心とする本領が確定した一五八五年以降、信長と同様に遠隔地の諸大名に停戦令を強制して境界紛争に介入した。秀吉が諸大名に対して国替をともなう国分を段階的に断行した結果、全国規模で仕置が浸透したのだった。したがって、信長と秀吉とのあいだに中世と近世の分水嶺を求めるような見方は誤りである。

信長は、預治思想を明確化し石高制すなわち近世的知行原理に基づくあらたな武家国家をめざしたが、結果として真の天下人にはなれなかった。筆者は、最晩年の信長はみずからへの過信のあまり、伝統権威を相対化したばかりか、一門・近習を中心とする専制支配への方向に大きく傾きすぎ、重臣層から反発を招いたことが自滅の原因になったとみる。

光秀書状のメッセージ

最後に、本論冒頭の本能寺の変に戻りたい。この歴史的なクーデターは、大きくは三層構造としてとらえることができる。

基層にあるのは、四国における長宗我部氏と三好氏による覇権抗争だった。戦国末期、日本の各地域においては数カ国規模の領地を伐り従えた戦国大名の時代を迎えるが、四国においては長宗我部元親と三好康長ら三好一族がしのぎを削っていた。彼らは、境界紛争を自家に有利に展開するべく天下の実権を握りつつあった信長に接近した。

中層には、明智光秀と羽柴秀吉という織田家重臣の、生残りを賭けた派閥抗争があった。光秀は、長宗我部氏との関係を利用して西国支配に関与しようとしたし、秀吉は自領の播磨・淡路に隣接する三好氏との友好関係を構築することで水軍力を手に入れ、西国支配における優位な地位を獲得しようとした。

上層にあるのが、将軍相当者信長と現職将軍義昭の天下争奪戦である。一五八〇(天正八)年以降、信長の天下統一戦は最終段階を迎えた。対する義昭は、大坂本願寺が勅命講和に応じたことから、畿内近国に対する影響力を喪失し、存亡の危機に瀕していた。副将軍毛利氏とともに形勢逆転をはかるべく、長宗我部氏との軍事同盟を形成し、光秀へと接近していった。

これらの動きと、公家世界の対立関係もリンクしていたことを忘れてはならない。それは、光秀や元親と親しい近衛前久と、秀吉や康長と利害をともにする一条内基との摂関家内部の抗争である。朝廷内部も、圧力を強めつつある信長に対して一枚岩ではなかったのである。

三層構造のキーワードは、「生残り」だった。突然の信長による四国政策の変更によって追い詰められる元親、一門・近習を優遇して専制支配へと舵を切る信長によって左遷寸前にあった光秀、信長の中国攻めを前に政治生命をたたれるという危難に直面した義昭、抜き差しならぬ危機意識が元親—光秀—義昭を結びつけて、未曽有のクーデターを実現させたのである。

これに関連して、室町幕府や朝廷に連なる人脈が、さまざまな思惑から蠢動していたことも忘れてはならない。光秀の意志のみで、歴史的な政変が勃発したのではないのである。従来のような○○説、△△説で一括りにできるような単純構造ではないのだ。戦国時代の最末期、日本は分権から集権へと大きく国の形を変え、伝統権威も相対化されつつあった。その方向に、最後に待ったをかけたのが本能寺の変だった。まさしく、中世と近世の相剋のなかで勃発した反革命といってよいだろう。

改めて、新発見の「(天正十年)六月十二日付土橋重治(つちはししげはる)宛明智光秀書状」が私たちに語りかけていることについて考えたい。それは、時代像の再検討だ。歴史学の最終課題は、時代区分にある。たとえば、戦国時代とはどのような時代でいつからいつまでというように、各時代像とその期間を確定することにある。

ところが、この枠組みについては、明治時代以来、基本的に変化がないのである。明治政府は、新国家の正統性を主張するべく国史編纂事業に着手し、その成果を国史教育として学校現場に浸透させた。それは、極端に表現すると、天皇を中心とする時代像を固めて、それにあわせて皇国(こうこく)の英雄を配置するという手法だった。

安土桃山時代には、信長と秀吉という二人の英雄を登場させた。朝廷や伊勢神宮に莫大な献金をした信長は「勤王家」として、中国大陸への出兵をめざした秀吉は「軍神」として、あらかじめ決定していたのであり、その始期として天正改元に目をつけたのである。

ちなみに、国定教科書である大槻文彦著『校正日本小史』中（一八八二年）では、信長を「其臣羽柴秀吉ニ命ジテ、京都ヲ警衛セシメ、且、大ニ皇宮ヲ営ミ、厚ク供御ノ料ヲ奉ル、是ニ於テ、信長ガ力ニ因リテ、皇家、実ニ初メテ斉造セリ、後世、信長ガ尊王ノ大義ヲ常トセザルハナシ」と、大いに称揚する。

織田時代の始期については、東京帝国大学における日本史研究の草創期を築いた田中義成が、信長が足利義昭を追放した一五七三（天正元）年を、「抑々信長が義昭を若江に逐い、京都に凱旋し、俄に改元を奏請せるは、此時を以て信長は全く足利氏に代りしものなれば、其真意は革命的意義を以て、年号を改めたるものと見るを得べし。故に足利幕府と織田時代との時期を画するには、実に此時を以てすべきなり」と、高く評価している〔田中一九二四〕。

近代化をめざした明治国家が、信長と秀吉を英雄と位置づけたのは、国家統合という歴史的課題を天皇制と対外戦争という二つのキーワードで乗りこえようとしたからである。現在、私たちが克服すべきはこの近代以来のパラダイムではないのか。今回の光秀書状の発見によって、室町幕府滅亡の時期については再考する必要を感じた方も少なくないだろう。

近年の研究においても、信長の「根切り」や「撫切り（なできり）」という表現に象徴される敵対勢力に対する強圧的姿勢や、晩年の信長が「中華皇帝」をめざしたとするような壮大な国家構想を強調する傾向にあり、謀反（むほん）が頻発した織田政権の脆弱性については見過ごされてきた。織田政権は盤石（ばんじゃく）で、信長の天下統一戦が順調に進捗していたとみることから、当然のこととして、光秀の謀反は偶発的事件と処理されてきたのであり、ましてや将軍義昭の存在などまったく顧慮されることがなかったのである。

光秀書状は、現代の私たちに「そろそろ近代歴史学を根本的に見直す時期が来たのではないのか」と、饒舌に語りかけている。史料をもって歴史を語らせる。学問としての歴史学の基本に立ち帰って、時代像の再構築を今こそ意識せねばならないのではなかろうか。

藤田達生「『鞆幕府』論」『芸備地方史研究』268・269, 2010年
藤田達生「足利義昭の上洛戦」(前掲藤田・福島編『明智光秀』)
藤田達生「柴田勝家と本能寺の変—北国における織田体制—」『富山史談』179, 2016年
藤田達生「『芸土入魂』考」『織豊期研究』19, 2017年
松尾良隆「織豊時代の『城わり』について」『文化史論叢』下, 横田健一先生古希記念会, 1987年
光成準治「織豊大名論」織豊期研究会編『織豊期研究の現在〈いま〉』岩田書院, 2017年
山本浩樹「織田・毛利戦争の地域的展開と政治動向」『日本中世の西国社会①　西国の権力と戦乱』清文堂出版, 2010年

史料

浅利尚民・内池英樹編『石谷家文書　将軍側近の見た戦国乱世』吉川弘文館, 2015年
奥野高廣編『増訂 織田信長文書の研究』上・下・補遺索引, 吉川弘文館, 1988年
奥野高廣・岩澤愿彦校注『信長公記』角川日本古典文庫, 1969年
松田毅一・川崎桃太訳『フロイス日本史』全12巻, 中央公論社, 1977〜80年

＊参考文献は主要なもののみに限定し, 図録・報告書・自治体史類は省略した。

写真所蔵・提供者一覧(敬称略, 五十音順)

安国寺・西島太郎　p. 44
厳島神社・広島県立文書館　扉
一般財団法人林原美術館　p. 21, 22, 73, 82
上杉神社　p. 48右
大阪城天守閣　p. 1
公益財団法人永青文庫　p. 20
公益財団法人永青文庫所蔵・熊本大学附属図書館寄託　p. 57
公益財団法人陽明文庫　p. 30
神戸市立博物館・Photo:KobeCity Museum/DNPartcom　カバー裏
神戸大学附属図書館　p. 87
滋賀県教育委員会　p. 54
聚光院・便利堂　p. 40左
常国寺・福山市教育委員会　p. 47, 48左
泉涌寺　p. 95
摠見寺・滋賀県教育委員会　カバー表
総見寺・岐阜市歴史博物館　p. 74
大雲院　p. 68左
東京大学史料編纂所　p. 19
等持院　p. 15, 43左・右
鞆の浦歴史民俗資料館　p. 55
日光東照宮宝物館　p. 36
秦神社　p. 14
不動院　p. 68右
米山寺・三原市教育委員会　p. 25
本願寺　p. 13
本徳寺・岸和田市　p. 7左
美濃加茂市民ミュージアム　p. 10, 11
毛利博物館　p. 27
立政寺・岐阜観光コンベンション協会　p. 29
龍安寺　p. 40右
著者　p. 7右, 46左・右, 51

参考文献（初出に限定した）

著書

天野忠幸『荒木村重』戎光祥出版, 2017年
安良城盛昭『太閤検地と石高制』NHK出版, 1969年
家永遵嗣『室町幕府将軍権力の研究』東京大学日本史学研究論叢１, 1995年
池上裕子『織田信長』吉川弘文館, 2012年
石井進『中世のかたち』中央公論新社, 2002年
小和田哲男『明智光秀─つくられた「謀反人」』PHP新書, 1998年
金子拓『織田信長〈天下人〉の実像』講談社現代新書, 2014年
神田千里『一向一揆と戦国社会』吉川弘文館, 1998年
高柳光寿『明智光秀』吉川弘文館, 1958年
田中義成『織田時代史』明治書院, 1924年
服部英雄『河原ノ者・非人・秀吉』山川出版社, 2012年
深谷克己『深谷克己近世史論集　第二巻　偃武の政治文化』校倉書房, 2009年
藤田達生『謎とき本能寺の変』講談社現代新書, 2003年
藤田達生『証言本能寺の変』八木書店, 2010年Ａ
藤田達生『信長革命─「安土幕府」の衝撃』角川選書, 2010年B
藤田達生『天下統一─信長と秀吉が成し遂げた「革命」─』中公新書, 2014年
藤田達生・福島克彦編『明智光秀』八木書店, 2015年
山田康弘『戦国期室町幕府と将軍』吉川弘文館, 2000年

論文

秋澤繁「織豊期長宗我部氏の一側面」『土佐史談』215, 2000年
稲本紀昭「神戸信孝の四国出兵と北伊勢国人」『三重県史研究』13, 1997年
尾下成敏「御内書・内書・書状論」『古文書研究』49, 1999年Ａ
尾下成敏「織田信長発給文書の基礎的研究─織田信長『御内書』の年次比定を中心に─」『富山史壇』130, 1999年B
尾下成敏「織田信長発給文書の基礎的研究　その二」『富山史壇』132, 2001年
尾下成敏「信長在世期の御次秀勝をめぐって」『愛知県史研究』19, 2015年
勝俣鎮夫「織田信長とその妻妾」『愛知県史のしおり　織豊１』2003年
久野雅司「足利義昭政権論」『栃木史学』2009年
小島廣次「伊勢大湊と織田政権」『日本歴史』372, 1979年
小林基伸「播磨の破城令について」『国指定史跡　赤松氏城跡　播磨置塩城跡発掘調査報告書』兵庫県飾磨郡夢前町教育委員会, 2006年
小山靖憲「雑賀衆と根来衆─紀州『惣国一揆』説の再検討─」『根来寺に関する総合的研究』昭和57年度科学研究費補助金研究成果報告書, 1983年
谷口克広「信長の兄弟と息子の出生順」『愛知県史のしおり　織豊１』2004年
長谷川博史編「中世の港町鞆の浦を探る」『鞆の浦の歴史　福山市鞆町の伝統的町並に関する調査研究報告書Ｉ』福山市教育委員会, 1999年
藤田達生「織田政権から豊臣政権へ─本能寺の変の歴史的背景─」『年報 中世史研究』21, 1996年
藤田達生「織田政権と尾張─環伊勢海政権の成立─」『織豊期研究』創刊号, 1999年

織田信長とその時代

西暦	年号	齢	お も な 事 項
1534	天文3	1	***5-*** 織田信秀の子息として誕生，幼名吉法師，母は土田氏
1537	6	4	*11-13* 義昭，足利義晴の子息として誕生，母は正室近衛尚通の息女
1542	11	9	*11-20* 義昭，関白近衛稙家の猶子となって興福寺一乗院門跡に入室し，覚慶と名乗る
1549	18	16	***2-*** 斎藤道三息女(濃姫)と結婚
1552	21	19	***3-*** 信秀病没(1551年説あり)
1553	22	20	***4-*** 道三と会見(於尾張富田聖徳寺)
1555	弘治元	22	*4-20* 織田大和守家滅亡し，清須城に入城
1557	3	24	*11-2* 弟信勝を清須城で殺害
1559	永禄2	26	***2-*** 将軍足利義輝に謁見。***3-*** 織田伊勢守家，降伏
1560	3	27	*5-19* 桶狭間の戦いに勝利
1561	4	28	***1-*** 水野信元の仲介で徳川家康と同盟
1563	6	30	***7-*** 小牧山城に移る
1566	9	33	***6-*** この頃までに，尾張守任官(1568年5月まで)
1567	10	34	***8-*** 美濃三人衆が内応し，稲葉山城を陥落させ斎藤氏滅亡
1568	11	35	***9-*** 義昭を奉じて美濃・尾張・伊勢・三河4カ国の軍勢を率いて上洛。***10-*** 義昭，将軍に任官(**環伊勢海政権成立**)
1569	12	36	***10-*** 美濃・尾張・伊勢3カ国体制の誕生
1570	元亀元	37	*1-23* 義昭に対して5カ条の条書発令。***6-*** 姉川の戦い
1571	2	38	***5-*** 伊勢長島一向一揆攻撃に失敗。***9-*** 延暦寺焼討ち
1572	3	39	***9-*** 義昭に17カ条の意見状渡す。***12-*** 三方ヶ原の戦い
1573	天正元	40	*7-18* 宇治槇島城で義昭を破る。***8-*** 朝倉・浅井氏滅亡
1574	2	41	*9-29* 伊勢長島一向一揆討滅
1575	3	42	*5-21* 長篠の戦い。*11-7* 権大納言兼右近衛大将任官
1576	4	43	***1-*** 安土城の築城開始。***2-*** 義昭，備後鞆の浦に移る(「**鞆幕府**」**成立**)。信長，岐阜城から安土城に移る(「**安土幕府**」**成立**)。*7-13* 木津川河口で毛利水軍と戦い，敗戦
1578	6	45	***10-*** 荒木村重が反乱。***11-*** 木津川口の海戦で，九鬼義隆率いる鉄甲船が毛利水軍を撃破
1579	7	46	*5-11* 安土城天主に移住。***10-*** 明智光秀，丹波・丹後を平定
1580	8	47	閏*3-5* 大坂本願寺と講和(勅命講和)。***5-*** 毛利氏と停戦交渉する。***6-*** 因幡鳥取城攻撃。***8-*** 教如が退去し，大坂本願寺自焼(**室町幕府滅亡**)。光秀に丹波・丹後をあずける
1581	9	48	*2-28* 京都で馬揃を行う。*6-12* 四国停戦令発令。***9-*** 伊賀惣国一揆を殲滅。***11-*** 秀吉，因幡を平定し淡路・阿波を攻撃
1582	10	49	***1-*** 年頭儀礼に諸国の大名出仕。***2〜4-*** 甲斐に出陣，武田勝頼滅亡。***5-*** 将軍職推任。*6-2* 本能寺の変で子息信忠ともに横死。*6-13* 光秀，山崎の戦い後に敗死。*7-27* 清須会議
1597	慶長2		*8-28* 義昭，大坂にて病没

藤田達生(ふじた　たつお)
1958年生まれ
神戸大学大学院文化学研究科博士課程修了
学術博士(神戸大学)
専攻, 日本中・近世史
現在, 三重大学教育学部・大学院地域イノベーション学研究科教授
主要著書
『日本中・近世移行期の地域構造』(校倉書房2000)
『日本近世国家成立史の研究』(校倉書房2001)
『城郭と由緒の戦争論』(校倉書房2017)
『藤堂高虎論―初期藩政史の研究―』(塙書房2018)
『天下統一論』(塙書房2021)など

日本史リブレット人 045
織田信長(おだのぶなが)
近代の胎動

2018年3月25日　1版1刷　発行
2021年11月30日　1版2刷　発行

著者：藤田達生(ふじたたつお)

発行者：野澤武史

発行所：株式会社 山川出版社

〒101－0047　東京都千代田区内神田1－13－13
電話　03(3293)8131(営業)
　　　03(3293)8135(編集)
https://www.yamakawa.co.jp/
振替　00120-9-43993

印刷所：明和印刷株式会社

製本所：株式会社 ブロケード

装幀：菊地信義

Printed in Japan ISBN 978-4-634-54845-9

日本史リブレット 人

1 卑弥呼と台与――仁藤敦史
2 倭の五王――森 公章
3 蘇我大臣家――佐藤長門
4 聖徳太子――大平 聡
5 天智天皇――須原祥二
6 天武天皇と持統天皇――義江明子
7 聖武天皇――寺崎保広
8 行基――鈴木景二
9 藤原不比等――坂上康俊
10 大伴家持――鐘江宏之
11 桓武天皇――西本昌弘
12 空海――曾根正人
13 円仁と円珍――平野卓治
14 菅原道真――大隅清陽
15 藤原良房――今 正秀
16 宇多天皇と醍醐天皇――川尻秋生
17 平将門と藤原純友――下向井龍彦
18 源信と空也――新川登亀男
19 藤原道長――大津 透
20 清少納言と紫式部――丸山裕美子
21 後三条天皇――美川 圭
22 源義家――野口 実
23 奥州藤原三代――斉藤利男
24 後白河上皇――遠藤基郎
25 平清盛――上杉和彦
26 源頼朝――高橋典幸
27 重源と栄西――久野修義
28 法然――平 雅行
29 北条時政と北条政子――関 幸彦
30 藤原定家――五味文彦
31 後鳥羽上皇――杉橋隆夫
32 北条泰時――三田武繁
33 日蓮と一遍――佐々木馨
34 北条時宗と安達泰盛――福島金治
35 北条高時と金沢貞顕――永井 晋
36 足利尊氏と足利直義――山家浩樹
37 後醍醐天皇――本郷和人
38 北畠親房と今川了俊――近藤成一
39 足利義満――伊藤喜良
40 足利義政と日野富子――田端泰子
41 蓮如――神田千里
42 北条早雲――池上裕子
43 武田信玄と毛利元就――鴨川達夫
44 フランシスコ＝ザビエル――浅見雅一
45 織田信長――藤田達生
46 徳川家康――藤井讓治
47 後水尾院と東福門院――山口和夫
48 徳川光圀――鈴木暎一
49 徳川綱吉――福田千鶴
50 渋川春海――林 淳
51 徳川吉宗――大石 学
52 田沼意次――深谷克己
53 遠山景元――藤田 覚
54 酒井抱一――玉蟲敏子
55 葛飾北斎――大久保純一
56 塙保己一――高埜利彦
57 伊能忠敬――星埜由尚
58 近藤重蔵と近藤富蔵――谷本晃久
59 二宮尊徳――舟橋明宏
60 平田篤胤と佐藤信淵――小野 将
61 大原幽学と飯岡助五郎――高橋 敏
62 ケンペルとシーボルト――松井洋子
63 小林一茶――青木美智男
64 鶴屋南北――諏訪春雄
65 中山みき――小澤 浩
66 勝小吉と勝海舟――大口勇次郎
67 坂本龍馬――井上 勲
68 土方歳三と榎本武揚――宮地正人
69 徳川慶喜――松尾正人
70 木戸孝允――一坂太郎
71 西郷隆盛――德永和喜
72 大久保利通――佐々木克
73 明治天皇と昭憲皇太后――佐々木隆
74 岩倉具視――坂本一登
75 後藤象二郎――村瀬信一
76 福澤諭吉と大隈重信――池田勇太
77 伊藤博文と山県有朋――西川 誠
78 井上馨――神山恒雄
79 河野広中と田中正造――田崎公司
80 尚泰――川畑 恵
81 森有礼と内村鑑三――狐塚裕子
82 重野安繹と久米邦武――松沢裕作
83 徳富蘇峰――中野目徹
84 岡倉天心と大川周明――塩出浩之
85 渋沢栄一――井上 潤
86 三野村利左衛門と益田孝――森田貴子
87 ボアソナード――池田眞朗
88 島地黙雷――山口輝臣
89 児玉源太郎――大澤博明
90 西園寺公望――永井 和
91 桂太郎と森鷗外――荒木康彦
92 高峰譲吉と豊田佐吉――鈴木 淳
93 平塚らいてう――差波亜紀子
94 原敬――季武嘉也
95 美濃部達吉と吉野作造――古川江里子
96 斎藤実――小林和幸
97 田中義一――加藤陽子
98 松岡洋右――田浦雅徳
99 溥儀――塚瀬 進
100 東条英機――古川隆久

〈白ヌキ数字は既刊〉